交通与交流系列

漕运史话

A Brief History of
Water Transport for Grain to
the Capital in Ancient China

江太新　苏金玉 / 著

社会科学文献出版社
SOCIAL SCIENCES ACADEMIC PRESS (CHINA)

图书在版编目（CIP）数据

漕运史话/江太新，苏金玉著. —北京：社会科学文献出版社，2011.10
（中国史话）
ISBN 978 - 7 - 5097 - 2076 - 9

Ⅰ.①漕… Ⅱ.①江… ②苏… Ⅲ.①漕运 - 交通运输史 - 中国 - 古代 Ⅳ.①F552.9

中国版本图书馆 CIP 数据核字（2011）第 111369 号

"十二五"国家重点出版规划项目

中国史话·交通与交流系列

漕运史话

著　　者 /	江太新　苏金玉
出 版 人 /	谢寿光
出 版 者 /	社会科学文献出版社
地　　址 /	北京市西城区北三环中路甲 29 号院 3 号楼华龙大厦
邮政编码 /	100029
责任部门 /	人文科学图书事业部（010）59367215
电子信箱 /	renwen@ssap.cn
责任编辑 /	陈桂筠
责任校对 /	孙光迹
责任印制 /	岳　阳
总 经 销 /	社会科学文献出版社发行部 （010）59367081　59367089
读者服务 /	读者服务中心（010）59367028
印　　装 /	北京画中画印刷有限公司
开　　本 /	889mm×1194mm　1/32　印张 / 6
版　　次 /	2011 年 10 月第 1 版　字数 / 109 千字
印　　次 /	2011 年 10 月第 1 次印刷
书　　号 /	ISBN 978 - 7 - 5097 - 2076 - 9
定　　价 /	15.00 元

本书如有破损、缺页、装订错误，请与本社读者服务中心联系更换
版权所有　翻印必究

《中国史话》编辑委员会

主　　任　陈奎元

副 主 任　武　寅

委　　员　（以姓氏笔画为序）
　　　　　卜宪群　王　巍　刘庆柱
　　　　　步　平　张顺洪　张海鹏
　　　　　陈祖武　陈高华　林甘泉
　　　　　耿云志　廖学盛

总 序

中国是一个有着悠久文化历史的古老国度，从传说中的三皇五帝到中华人民共和国的建立，生活在这片土地上的人们从来都没有停止过探寻、创造的脚步。长沙马王堆出土的轻若烟雾、薄如蝉翼的素纱衣向世人昭示着古人在丝绸纺织、制作方面所达到的高度；敦煌莫高窟近五百个洞窟中的两千多尊彩塑雕像和大量的彩绘壁画又向世人显示了古人在雕塑和绘画方面所取得的成绩；还有青铜器、唐三彩、园林建筑、宫殿建筑，以及书法、诗歌、茶道、中医等物质与非物质文化遗产，它们无不向世人展示了中华五千年文化的灿烂与辉煌，展示了中国这一古老国度的魅力与绚烂。这是一份宝贵的遗产，值得我们每一位炎黄子孙珍视。

历史不会永远眷顾任何一个民族或一个国家，当世界进入近代之时，曾经一千多年雄踞世界发展高峰的古老中国，从巅峰跌落。1840年鸦片战争的炮声打破了清帝国"天朝上国"的迷梦，从此中国沦为被列强宰割的羔羊。一个个不平等条约的签订，不仅使中国大量的白银外流,更使中国的领土一步步被列强侵占,国库亏空,民不聊生。东方古国曾经拥有的辉煌,也随着西方列强坚船利炮的轰击而烟消云散,中国一步步堕入了半殖民地的深渊。不甘屈服的中国人民也由此开始了救国救民、富国图强的抗争之路。从洋务运动到维新变法,从太平天国到辛亥革命,从五四运动到中国共产党领导的新民主主义革命,中国人民屡败屡战,终于认识到了"只有社会主义才能救中国,只有社会主义才能发展中国"这一道理。中国共产党领导中国人民推倒三座大山,建立了新中国,从此饱受屈辱与蹂躏的中国人民站起来了。古老的中国焕发出新的生机与活力,摆脱了任人宰割与欺侮的历史,屹立于世界民族之林。每一位中华儿女应当了解中华民族数千年的文明史,也应当牢记鸦片战争以来一百多年民族屈辱的历史。

当我们步入全球化大潮的21世纪,信息技术革命迅猛发展,地区之间的交流壁垒被互联网之类的新兴交流工具所打破,世界的多元性展示在世人面前。世界上任何一个区域都不可避免地存在着两种以上文化的交汇与碰撞,但不可否认的是,近些年来,随着市场经济的大潮,西方文化扑面而来,有些人唯西方为时尚,把民族的传统丢在一边。大批年轻人甚至比西方人还热衷于圣诞节、情人节与洋快餐,对我国各民族的重大节日以及中国历史的基本知识却茫然无知,这是中华民族实现复兴大业中的重大忧患。

中国之所以为中国,中华民族之所以历数千年而不分离，根基就在于五千年来一脉相传的中华文明。如果丢弃了千百年来一脉相承的文化，任凭外来文化随意浸染，很难设想13亿中国人到哪里去寻找民族向心力和凝聚力。在推进社会主义现代化、实现民族复兴的伟大事业中，大力弘扬优秀的中华民族文化和民族精神，弘扬中华文化的爱国主义传统和民族自尊意识，在建设中国特色社会主义的进程中，构建具有中国特色的文化价值体系，光大中华民族的优秀传统文化是一件任重而道远的事业。

当前，我国进入了经济体制深刻变革、社会结构深刻变动、利益格局深刻调整、思想观念深刻变化的新的历史时期。面对新的历史任务和来自各方的新挑战，全党和全国人民都需要学习和把握社会主义核心价值体系，进一步形成全社会共同的理想信念和道德规范，打牢全党全国各族人民团结奋斗的思想道德基础，形成全民族奋发向上的精神力量，这是我们建设社会主义和谐社会的思想保证。中国社会科学院作为国家社会科学研究的机构，有责任为此作出贡献。我们在编写出版《中华文明史话》与《百年中国史话》的基础上，组织院内外各研究领域的专家，融合近年来的最新研究，编辑出版大型历史知识系列丛书——《中国史话》，其目的就在于为广大人民群众尤其是青少年提供一套较为完整、准确地介绍中国历史和传统文化的普及类系列丛书，从而使生活在信息时代的人们尤其是青少年能够了解自己祖先的历史，在东西南北文化的交流中由知己到知彼，善于取人之长补己之短，在中国与世界各国愈来愈深的文化交融中，保持自己的本色与特色，将中华民族自强不息、厚德载物的精神永远发扬下去。

《中国史话》系列丛书首批计200种，每种10万字左右，主要从政治、经济、文化、军事、哲学、艺术、科技、饮食、服饰、交通、建筑等各个方面介绍了从古至今数千年来中华文明发展和变迁的历史。这些历史不仅展现了中华五千年文化的辉煌，展现了先民的智慧与创造精神，而且展现了中国人民的不屈与抗争精神。我们衷心地希望这套普及历史知识的丛书对广大人民群众进一步了解中华民族的优秀文化传统，增强民族自尊心和自豪感发挥应有的作用，鼓舞广大人民群众特别是新一代的劳动者和建设者在建设中国特色社会主义的道路上不断阔步前进，为我们祖国美好的未来贡献更大的力量。

陈奎元

2011年4月

⊙江太新

作者小传

江太新（江泰新），男，1940年1月出生于福建永定县，1964年毕业于厦门大学历史系，1977年以后在中国社会科学院经济研究所工作，研究员、博士生导师，1992年起享受国务院特殊津贴。现担任中国商业史学会顾问。长期从事中国经济史研究，主要著作有：《清代漕运》（合著）、《中国宗法宗族制和族田义庄》（合著）、《中国经济通史·清代经济卷》（合著）、《中国地主制经济论——封建土地关系发展与变化》（合著），主编《中国企业史·近代卷》（作者之一）、主编《李文治集》等。发表论文数十篇，现承担国家《清史·漕运篇》项目主持人和撰稿人。

⊙苏金玉

作者小传

苏金玉，女，1940年10月出生于福建永定县，曾任中国社会科学院工业经济研究所情报资料室副主任。长期从事资料搜集、分编和文献研究工作，是工经所资料室创建者之一，为工经所资料室创建及发展作出了贡献。整理、编辑出版的资料、词条、综述、大事记、论著等，其中《论清代徽州地区亩产》（合著）获中国社会科学院经济研究所优秀论文一等奖。

目 录

一　中国古代漕运的出现和发展 …………………… 1
  1. 漕运出现的原因 ………………………………… 1
  2. 宋元以前漕运发展概况 ………………………… 4
  3. 明代漕运发展概况 ……………………………… 10
  4. 清代漕运发展述略 ……………………………… 15
  5. 漕运的最后衰败 ………………………………… 25
  6. 漕运的停止 ……………………………………… 30

二　农业区域的历史变迁和历代王朝
　　对农业发达地区的建设 ………………………… 34
  1. 战国秦汉黄河流域农业经济的发展 …………… 35
  2. 魏晋南北朝南北农业发展的不同态势 ………… 40
  3. 隋唐宋元时期江南基本经济区地位的
     确立 ……………………………………………… 43
  4. 明清政府对江南经济区的建设 ………………… 46

三　漕粮运道的开通及维护 …………………………… 54
  1. 先秦时期地方性运河的开凿 …………………… 55
  2. 秦汉时期对漕粮运道的开凿 …………………… 55

1

3. 三国魏晋南北朝时期漕运网的
   破坏及修治 ………………………………… 58
4. 隋唐时期对漕粮运道的关注 ……………… 60
5. 宋代对漕粮运道的治理 …………………… 65
6. 元代对海上运道的开拓以及对运河的
   整治 ………………………………………… 69
7. 明代对运河的开凿及其对原有运道的
   整治 ………………………………………… 72
8. 清代对漕粮运道的整治及废弃 …………… 76
9. 治理漕粮运道的功臣 ……………………… 91

四 中国古代漕粮的运输 …………………………… 98
1. 漕粮的运输 ………………………………… 98
2. 管理机构的设置 …………………………… 119
3. 漕船的建造 ………………………………… 129

五 漕运与中国社会经济 …………………………… 142
1. 漕运关系到一个朝代的兴衰更替 ………… 142
2. 漕运的社会功能 …………………………… 145
3. 漕运促进商品流通 ………………………… 149
4. 漕运促进商业城市的发展 ………………… 153
5. 漕运与农业生产 …………………………… 163

后 记 ……………………………………………………… 167

参考书目 ………………………………………………… 169

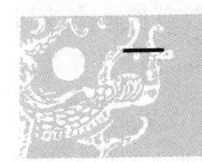

一 中国古代漕运的出现和发展

1 漕运出现的原因

漕,原指以水道运粮。秦汉以来,历朝政府所需粮食主要靠水路运输,故称漕运。有人说,漕运是指漕粮的运输,这种说法不能说不对,但似乎不够全面。因为漕运不是孤立的,所涉及的内容十分广泛,包括:粮食的征收、兑运和交仓,漕运官制和船制,运丁和屯田,漕粮运道的修治,运河河政等。漕粮的运输仅仅是其中一项,无法概括它的全部内容。为了全面地、准确地反映它的内涵,可以做这样的表述:漕运是指中国古代政府将征收来的粮食中的一部分,通过水路,水路不通之地辅以陆运,将它运往京师或其他指定地点所形成的一整套组织和管理制度。这种制度又称之为漕转(转漕)。

其次,说说漕运出现的原因。

漕运出现于秦汉时代,其主要目的是为了解决宫廷消费、兵饷支出,以及供给官吏薪俸的需要。在这以前，例如周代，实行分封制，周王室和诸侯国赋税以及贵族百官的俸禄，采取分封领地或赐予禄田的形式予以保障。贵族百官征发领地中的农民从事耕作和其他徭役，以取得粮食和其他物资，并对周王室或诸侯负担相应的贡赋。打仗的时候，贵族百官要带着从领地中征发的兵员和物资，参加周天子或诸侯的军队，因而周天子或诸侯平时无须豢养庞大的常备军。战国时代这种制度逐渐废弃，到了秦汉，终于形成统一的中央集权的封建大帝国。维持这样一个中央集权制的大帝国，需要建立一个上下垂直领导、最后归总于皇帝的庞大的官僚机构，需要建立一支庞大的常备军，而中央政府要直接以粮食和其他物资来支付这些官吏和将兵的俸饷。要解决这么庞大的供给，当然不是一件容易的事。尤其是首都及其附近地区，集中了中央政府的各机构和大量的军队，以及为他们服务的各式商贾工匠、奴婢仆人等。历朝政府为加强中央集权，又往往采取强干弱枝的政策，如秦始皇时，迁徙各地豪富12万户于咸阳，以削弱地方上的旧势力。汉高祖时迁徙六国旧贵族等十余万口以实关中。西汉一些皇帝往往在位时即营建大型陵墓，并迁徙关东豪富以实陵邑，以至设置陵县。宋太祖则集百万大军于京师。以上这些因素都导致首都及其附近人口的膨胀，形成首都及其附近地区难以负荷的对粮食和其他物资的需求。如秦、汉、唐等建都关中，关中在古代有陆海和天府之国的美称，极为富庶，但毕竟地方狭小，仅占泾渭二水的下游，耕地有限，作为京畿，人口和需求的增长超过了它所能承担的供给能力。当地不能满足的需求只有靠外地补给。从理论上说，这种补给可以靠市场，也可以靠调拨。中国自战国以来商品经济有相当的发展，封建地主制经济已是商品经济与自然经济的结合体，但自然经济仍占主导地位，粮食市场还很不发达。例如西汉时人们把长途贩销粮食看做是得不偿失的事。因而京师所短缺的粮食及其他物资，当时还不可能通过市场来获得满足。唯一现实的解决办法，就是利用政府的行政组织力量，从农业经济发达地区调运粮食及其他物资。

在当时的交通设施和交通工具条件下，大规模远距离调运粮食和其他物资，依靠陆运有困难，不仅运量小，花费人力畜力多，还有许多自然的障碍，因此是不可取的。水运则运量大，可节省人力和费用。故中央集权制封建帝国远距离调拨粮食和物资一般采用水运，在不适宜水运的地方则辅以陆运。这些都统称为漕运。

漕运始于秦代。据汉代史籍记载，在秦朝对匈奴的战争中，曾从今山东省沿海的郡把粮食转输到北河（今内蒙古乌家河）。秦始皇还在河南荥阳西北建立廒仓，储藏从各地征调来的粮食，作为西运关中、北输北河的转运站。当时的漕运还未形成定制，往往是为了应付军事征伐的临时措施。

汉代，为了军事征伐和开拓疆土的需要而调运粮食的事亦时有发生，由农业经济发达地区向京师所在地调运粮食已逐渐经常化。汉初，政府由于执行休养生息政策，首都长安对山东（指太行山以东地区）农业发达地区依赖还不突出，至武帝时，由于经济建设发展和对外征讨需求，以及政府机构不断扩大，人口也不断增多，造成食之者众，生之者寡，因此京师对农业发达地区的依赖不断增强。汉初，每年由关东（指函谷关以东地区）运到长安的粮食不过几十万石，至武帝初年，增加到100多万石，以后又增到400万石，至元封元年（公元前110年），漕粮运输一度达到每年600万石高额，但一般仍保持在每年400万石左右。由于京师每年需从关东运输大量粮食等物资以满足贵族、官吏和军队的需求，漕运就逐渐制度化。

2 宋元以前漕运发展概况

三国至南北朝时期（220～589年），东西南北各自划疆为国，各国政府所需粮食基本上从本地区取给，一般不需要跨地区的大规模转漕。因此，这个时期的漕运处于低落时期，但并不等于说没有漕运。如孙吴都京（今江苏镇江），曾疏凿杜野（今镇江市东15里）至小辛（今江苏丹阳市北10余里）的徒阳运河。迁都建业（今江苏南京）后，又开凿小其（今江苏句容东南17里许）至云阳西城（今句容县南唐庄）间30余里的破冈渎，立仓储粮，以避长江漕路风涛险恶。曹魏多次于淮河上游偏西之处，利用汝、颍、洧、渠四水，开贾侯渠、讨房渠、淮阳渠和百丈渠，这一运河网东西沟通江淮，便于运兵运粮、屯田积谷。东晋时，为改善江淮间的运输条件，曾对邗沟进行多次整治。同时还于彭城（今江苏徐州市）之北开挖人工渠，使汶、济、泗诸水相通，泗水过彭城西，入汴通黄河。北魏经略江淮，于水道之沿岸建立12处仓库，储漕粮以供军需。

隋唐之后，局势发生了很大变化，农业经济的重心开始由北方向南方转移，但隋朝和唐朝的首都仍设在北方，并没有因经济区南移而改变首都的位置。由东南而西北的漕运制度由此产生。

隋代政府每年需从东南运多少粮食到长安，尚缺乏这方面的记载。但据《隋书》记载，开皇三年（583年）在黄河沿岸的地方开凿仓库，如洛州置河阳仓，陕州置常平仓，华州置广通仓，在卫州境内置黎阳仓。大业二年（606年）又置洛口仓、四洛仓，形成了隋代著名的六大官仓。仅就洛口仓而言，在周围20余里之地，就挖了3000个窖，每窖容量达8000石。此仓储米达2400万石。政府还在这里设置了监官，并派兵千人镇守。可见当时漕运数量之大。

唐朝东南漕运粮额逐渐增加。唐高祖（618~626年）至太宗（627~649年）年间，每年运额仅一二十万石左右。这时，因河南至关中运道艰险，东南运道又长年失修，唐廷不得不常驻东都（洛阳），取食太原、洛口仓（分别在河南陕州与巩县）的巨额存粮。开元（713~741年）中期，官府机构膨胀，特别是府兵制瓦解后，对粮食需求剧增。天下漕粮，依赖于江淮的情况日益严重。唐廷组织数千漕船，年运百余万石江淮租粮北上。开元二十二年（734年），裴耀卿主持漕政后，改"长运法"为转般法：按照江南船只不入黄河，黄河船只不入洛口的原则，于沿河就势建设仓库，节级转运，水势大时则行船运粮，水浅时则粮食置仓内以待时机。用这种方法，3年运粮700万石，平均每年运米230多万石。天宝二年（743年），包括北粮在内，全国各处漕粮总额达400万石。安史之乱后，群雄割据，赋税不入中央，政府对南粮的依赖愈甚。但代宗朝（762~779年）之后，漕运额渐呈递减趋势，年运江淮米不过40万石，至关中的仅10余万石而已。

广德元年（763年），刘晏主持漕政，针对时弊作全面改革。如：疏浚汴河；以盐利雇人运漕粮；在沿河的每两驿站置防援300人，以保漕运安全；创纲运法，以10船为纲，每纲300人，篙工50人，武官押运；按江南船不入汴（唐、宋时指通济渠东段），汴船不入河（黄河），河船不入渭（渭水）的原则，改进转般法；根据各航段水深水浅不同情况，分造运船，训练漕卒。唐初设"舟楫署"管理漕政，中期以后，由宰臣兼转运使等职，主管漕政。纲运制度形成后，即责成地方长官分负其责，后来又进一步明确由沿河县令主持所在地段漕运事项。

至北宋建国，对南漕的依靠又有所增长。宋建都汴京（今开封），转运漕粮更加便利，年运额达到历史最高水平。

宋初运额无定，至太平兴国六年（981年），才定每年由江淮运税米300万石。至道（995~997年）初定为年运额560万石，真宗大中祥符（1008~1016年）初，又定年运额为700万石，其后渐升。至真宗后期及仁宗朝（998~1063年）时，因运河设施改善，年运量达800万石。自景德三年（1006年）始，漕运常额定为600万石。天圣五年（1027年）起，运额暂减为550万石。徽宗、钦宗时（1101~1126年）由于政治昏暗，漕政败坏，运量渐减，后汴渠溃决，所入不及常数百分之一。

进入南宋后，漕运体系以临安（今浙江杭州）为中心作了重大调整，年运额大致保持在600万石左右。建炎年间（1127~1130年），江浙、湖广、四川粮食大多运往沿江重镇及抗金前线，后改运临安。当时江西承担漕粮三分之一。漕粮运输以官运为主，辅以商运。

元朝建都大都（今北京），这时北方的经济发展已落在南方的后面。北方在金的统治下，生产力遭到长期破坏，到13世纪初，北方又处于长期战乱之中，因而经济基础受到很大破坏。而南方自唐宋以后经济获得很大发展，经济发展水平已逐渐超过北方。12世纪南宋和金对峙时期，很多北方劳动人民南移，长江流域生产力愈见提高，江南地区已成为当时的经济中心。仅江浙行省就承担了田粮的37%，而直辖中书省号称"腹里"地区的河北、山西、山东等地，承担的田粮才占18%。这样就形成了首都对江南的依赖，并且这种依赖与日俱增。元初漕粮仅46050石,至天历二年(1329年)竟增加到3522163石。前后50年间增长了76倍以上。这正反映了大都仰给于江南的情况。

元朝初年,南粮北运是依靠原先的运河作主要的运道,不通船的地段辅以陆运。到至元二十年(1283年)海运才逐渐发展起来,随后形成以海运为主,河运为辅的格局,这是元代漕运的一大特色。

元代漕运为什么出现以海运为主,海、河运相结合的做法呢?这是因为北宋以前的王朝不是建都关中长安,就是建都河南洛阳、开封。因此,那时开凿的运河是东西取向,保证关东粮食源源不断西运关中或河南。而元朝政府定都大都,原来自东南至西北走向的运河已不适用,当时从东南各地运到大都的漕粮,须绕道黄河。那时,黄河由阳武(今河南原阳县境内)南行,夺涡入淮,所以东南各地的漕粮运入邗沟之后,再由邗沟运入淮水,由淮水入黄河,逆黄河而上,运至中滦(今河南封丘县境内),由中滦陆运至御河岸上的淇门(今河南汲县境内),再由淇门沿御河而下,以至大都。由于这条旧运道年久失修,只能采取水陆联运方式,故既费时间,又费人力。随着元大都对东南粮食供应量需求越来越大,这条运量小、又费时的运道,已不适应形势发展的需要,寻求一条运量大,运时短的新运道已迫在眉睫。于是,丞相伯颜首先建议走海道运粮。利用海道运粮可行吗?至元十三年(1276年),伯颜率军攻破临安后,曾把掠取的"库藏图籍物货",令朱清、张瑄等人装入海船,从崇明州取海道运到直沽（今天津市内狮子林桥西端旧三汊口一带），转入大都。伯颜的建议是以这次实践经验为依据而提出的，故被采纳。至元十九年首次从海道运粮 4.6 万石至大都，第二年增至 29 万石，第四年又增至 57.85 万石。尔后，海运粮石历年有所增加，这有助于解决元大都食粮供应。但由于受当时造船技术、航海技术、气象知识等条件制约，粮船因风涛不测而沉没者，水手因海难而死者，连年都有发生，粮食和人员损失十分严重，为求两全之计，河运便被提到议事日程。至至元二十八年会通河（须城安山至临清）与通惠河（通州至大都）凿成，元代大运河全线沟通。于是形成了元代海河结合的漕运格局。

元政府对内河漕政的管理从至元元年始趋于完善。江淮都漕司负责江南至瓜洲（今江苏六合）段，京畿都漕司接收前司漕粮，负责中滦至大都运道。二司各于其关键地设行司、分司，以求上下衔接，年运粮 30 万石。元代纲运划为两大组进行：短运（军般、短般），又分南段和北段，南段由吕城（今江苏丹阳境）驻军运至瓜洲，北段由汉军与新附军由瓜洲运至淮安；长运，募民船承运，从瓜洲起运至淮安，由淮安分司开闸放船入淮，再由中滦、济州分司派员分领纲船。官府另于运河北段地掌握一批官船，负责各所在地屯田粮的运输。

海运最高管理机构是中书省，具体办事机构是"海运科"。

3 明代漕运发展概况

明朝自永乐十九年（1421年）成祖迁都北京，国都和少数民族为邻，京师附近配置重兵，加以政府组织庞大，营建频繁，增加了对漕粮的需求。明政府为供应京师贵族、官僚及京边军队、百姓食粮需要，制定了南粮北运的漕运制度。明代漕粮的运额，以宣德时（1426～1435年）为最高，年达600万石，此后稳定在300万～400万石之间。

明代征收的漕粮由两部分组成：一是由南直隶（江苏、安徽）、浙江、江西、湖广（湖南、湖北）诸省直征收之粮叫南粮，一是由山东、河南两省征收之粮叫北粮。以上各省直并非各府县都征收漕粮，如南直隶徽州府和滁、和二县即不征收漕粮，浙江十一个府中征收漕粮的也只不过杭、嘉、湖三府。各省秋粮也并非全部征收实物北运，作为漕粮北运的仅是秋粮中的一部分。当时以上六省直秋粮总额约为1824万石，作为漕粮北运的只有400万石，占全部秋粮的21.9%。

漕粮之外另有白粮（白熟粳米和白熟糯米的简称）。白粮由苏州、松江、常州、嘉兴、湖州五府征运，数额为214000石，这些粮食专供朱明皇室及京官的食用和薪俸。

明代前期，漕粮数额尚未固定，每年运额不尽相同，洪武朝约数十万石，永乐朝增至200万～300万石，宣德朝运额最高年份达674万石，正统（1436～1449年）、景泰（1450～1456年）、天顺（1457～1464年）时一般保持在400万～450万石之间，至成化八年（1472年）才固定为400万石（除折征、蠲免之外，每年实征额在300万石左右），这个数额一直持续到清朝，相沿不改。

漕粮制有三个重要环节，一是征收，二是运输，三是交仓。其间通过运河长途挽运是一个中心问题，漕运的起点是各省征漕州县，终点是京通交仓。明代初期，在运河沿岸设有淮安、徐州、临清、德州、天津五仓，称为"水次仓"，作为漕粮的转输点。以后五仓撤销，各省漕粮由运军从兑粮州县直接运到京通交仓，清代就沿袭了这种制度。

各州县编征漕粮有几种不同情形：有按田地等则编派的，如漕粮较重的南直隶吴江县，即根据土地三等九则编征漕粮，每亩上田为3.6斗，中上田为2斗，下田为0.7斗。有按顷亩平均编派的，如南直隶兴化县就是，全县土地共计24200顷，额征漕粮3.2万石，平均每顷征漕粮1.35石。泰州也按亩平均摊征，每顷征漕粮1.7石。

漕粮征解有一个发展过程。明中叶以前，州县征漕责成粮长。这时粮长和里甲长皆由官府委派，均选自民间殷实大户，执役于民间。这种征解制称为"民收民解"，即由粮长将漕粮解运到指定的水次（码头）仓交纳。史称"支运法"。宣德年间改行"兑运法"，但变化不大。成化七年改行"改兑法"，亦称"长运法",以军运代替民运,由州县兑粮到京通交仓,专由各地卫所军负责。此后粮长只管催征和经收,不再参与解运,从此"官军长运遂为定制",清代相沿不改。唯白粮仍行粮长解运法,史称"白粮长",但后来也改由卫所军代运。

卫所军转运漕粮,在明朝先后设立总督漕运总兵官、督运参将和漕运都御史等职,专事办理漕运事务,下设13总,辖运军127000余人。其目的在保证漕运畅通,同时也可加强对有漕运地区的控制,有"寓兵于漕之意"。由于挽运漕粮变成了卫所军的苦役,他们的性质逐渐发生变化,"军兵"的意义逐渐消失,此种情形清代愈甚。

漕粮对粮户成为一种沉重负担,首先是由于征漕加征耗米。

漕粮征收耗米有一个发展过程。明初行支运时,粮户亲自运米交仓,支运属劳役性质,不征耗米。但粮户运粮长途跋涉,花费很多。至成化初年,运夫已苦不可言,逋亡者众。成化七年改行长运法,由军运代替民运,漕粮运费加在粮户身上,各种加耗名目繁多,日益加重。

明代漕粮加耗则例,在永乐后期已经开始实行。在淮安码头,每正粮一石外加五升,在瓜洲码头,每正粮一石加五斗五升,作为在上述码头农民向运军交兑时付给运军的沿途运费,这种耗米称之为"脚价"。宣德六年(1431年)行兑运法时,正式制定"加耗则例",规定:粮户向运军兑运,按地方远近加收耗米,每正粮一石所加耗米额，湖广为8斗，江西、浙江为7斗，南直隶为6斗，山东、河南为3斗；此外，运至淮安兑与运军，加4斗。至是耗米之制始定。清代据此稍加变动。

成化七年改行长运法后，除过去原有耗米外，南粮又增加"过江米"，浙江每正漕一石加过江米一斗，南直隶正漕一石加过江米一斗三升。此外又加征"变易米"，即"折易轻赍（音jī）费"，每石正漕加征二升。成化十三年又加征"鼠耗米"，每石改兑米加征四升，正兑米加征七升。此后不久，又制定耗米折银法，史称"折耗银为轻赍"。耗米折银的产生，是因为运船到张家湾等地需要雇车夫起剥，须出雇价，因此在耗米内除留下0.4石"随船作耗"，以供盘剥筛扬等损耗外，部分耗米按石折银0.5两，作为沿途起剥雇夫之需，这银称为"轻赍银"。轻赍部分按路程远近而定。计江西、湖广、浙江等省以耗米0.36石折银称为"三六轻赍"，南直隶以0.26石折银称"二六轻赍"，山东、河南二省以0.16石折银称"一六轻赍"。此制入清相沿不改。

除征收正耗之外，各种附加费大致如下：属于沿途车船费用的，有船钱米、水脚银、脚用米、脚价米、过江米、变易米、轻赍银；属于助役补贴费用的，有贴夫米、贴役米、加贴米、盘用米、使费银；属于铺垫装包费用的，有芦席米、松板楞木银、铺垫银；属于防耗防湿费用的，有两尖米、鼠米、筛扬米、湿润米等。以上各种加耗，各省州县多寡不等，漕粮正项耗米和各种附加合计,每正粮一石在0.72~1.98石之间,白粮正项加耗和各种附加超过漕粮,在1.6~2.15石之间。

关于漕耗编征办法,各省州县不完全相同。一是按所征漕额摊派加耗,民田税轻,加耗也轻。官田税重,加耗亦重。二是按田亩等则编派加耗,上等加耗重,下则加耗轻。三是按各乡土质好坏、产量多寡加耗。四是按官田民田分别加耗,民田税轻加耗重,官田税重加耗轻。五是不分官田民田和税则,一律按亩加耗。

粮户负担加重,其中有相当的一部分是由于各级漕务官吏的贪索,最后又转移到粮户身上。

运军到州县兑运,先是运军和粮户直接交兑,后改为官收官兑,但无论采行哪种兑交方式,运军为应付沿途漕务官吏的贪索,都在州县兑粮时进行勒索。先是向粮户直接勒索。这种勒索名目有:花经酒席、过会、淋尖、踢斛、无筹、酒舱、舵工、纲司等。大多将此数估算折程,每船要费20两,倘若逢上"恶军",损米更多,加八尚不足填其欲。运军在兑粮时的额外勒索称之"帮费"。清代也不例外。

民户在兑交漕粮方面负担沉重,支付2石多至3~4石粮食的代价才能完纳一石正漕。

运军长途挽运,在运输方面的开支确实为数不少,但在州县所勒索的帮费,有相当大的部分转入各漕务官吏之手。关于在运途中各处运漕官吏对运丁的勒索,上自漕督衙门,下至河坝小吏,以至押运领运各官等,无不以漕务为利薮。以瓜洲至清江一段诸闸坝而论，每遇漕船经过，河坝官吏即递索银钱，变成常例。北河各闸坝更不例外。漕船到京通交兑漕粮，各处使费名目尤为繁多，如买御道要钱，遮栏门官要钱，大小呈样、巡路、探筒、旗尉、书办勒索，家人番兵吓诈，种种敲诈需索难以枚举。运丁一年运粮400万石到京通两仓，所费分外用银多达14万余两。

各处漕务官吏的贪索，运丁在长途挽运中及在京、通交仓的花费，都转索于兑粮州县，州县又转取于粮户，从而大大加重了粮户的漕粮负担。粮户的实际负担远远超过漕粮正额，超过数一般为正漕的两倍到四倍，多者高达五倍。到清代后，在康熙、雍正朝时，由于吏治相对严明，漕务官吏的贪索恶习有所收敛，但乾隆以后伴随漕政腐败，粮户的负担又复加重，一石正漕所支付的代价与前明相去不远。

清代漕运发展述略

清代沿明朝旧制，继续实行漕运制，每年由山东、河南、江苏、浙江、安徽、江西、湖北、湖南八省征收漕粮和白粮，运往北京和通州各仓，以供皇室食用、王公官员俸米及八旗兵丁口粮需求。其中除白粮外，计漕粮正米400万石，耗米235万石，合计635万石。内除折耗、蠲免、改折及截拨等项外，历年实运抵京通各仓粮食有300多万石。

清代漕粮有正米、耗米之分。正米是按田地科则征收的正项漕粮，有漕各省合计为400万石。其中运储北京仓库的叫正兑米，运往通州仓储的叫改兑米。各省征收正、改兑米米额是：江南省正兑米为150万石，改兑米为29.44万石；浙江省正兑米为60万石，改兑米为3万石；江西省正兑米为40万石，改兑米为17万石；湖广省正兑米为25万石；山东省正兑米为28万石，改兑米为9.5万石；河南省正兑米为27万石，改兑米为11万石。正、改兑米总计400万石。

征收漕粮，按正粮增收耗米。每石加耗额按各省离京通远近有差别。耗米分成两部分，一部分随正兑米交仓，一部分归运丁作沿途耗费，这部分占耗米的64%。

江苏苏州、松江、常州三府和太仓州，浙江嘉兴、湖州二府，除征收漕粮外，另征白粮。漕粮供京师官丁俸饷，白粮则供清室宫廷专用。但就州县征实北运来说，两者的性质是相同的。

正米和耗米，除极小部分改折收银外，98%以上征收米石。但由于荒歉短缺和坍废豁免，很难征收足额交仓。乾隆年间，一般收到八成至九成。嘉庆以后，运额锐减。至道光九年（1829年），额征正米仅存326万石，耗米126万石，正耗合计才452万石。

耗米中有一部是轻赍，征收时即折收银两，解交仓场通济库，有的解交户部，作为办理漕务开支。各地轻赍所占比重多少看路途远近而定，道路越远，运粮开支越大，向粮户征收的轻赍银额就越重。

清代漕粮除征收正米和耗米外，还有名目繁多的各种附加税，如芦席税、楞木松板税、运丁出运例给行粮税、漕项钱粮、漕粮赠贴、漕耗银米、水脚银等。以上各项附加税银米数额是国家规定的。实际粮户所出远不止此，如应付官吏贪索尚未计算在内。如各项加在一起，粮户完纳正漕一石，需付出三四石粮食。因此，漕粮变成农民一种苛重的负担。

漕粮分稻米、粟米和豆类几种，各省州县征收哪一种食粮有规定。如遇灾荒则改征别类，或以麦代豆，或以粟米抵稻米。

漕粮是田赋征实，但也有以现银折纳的，这种以现银折纳办法，叫"改折"。改折又分永折和临时改折两种。永折是指某区漕粮折银变成定制，不再恢复征粮，而临时改折是因灾荒或其他特殊原因而采行的变通办法，以后仍须恢复漕粮本色。改征折色以交银为准。嘉庆四年（1799年），政府规定：交银交粮听民自便。

征漕地亩因荒废不能垦复的，或是经丈量而土地缺额的，这部分漕粮给予永远免除，这种做法称"豁除"。豁除米额最多的是江苏，可能与漕粮繁重有关；居于第二位的则是河南，可能受黄河泛滥影响之故。

由于天灾兵灾，当年漕粮无法征解，缓俟下年或分数年带征的，称为"缓征"，也叫下年"带征"。州县因遭受灾荒收成歉薄而免征漕粮的称为"蠲免"。漕粮蠲免成数，视灾情轻重而定，或全免，或蠲一半，或蠲二分不等。除灾荒蠲免外，在国家仓储丰满时，对粮户积欠漕粮及漕项银两有时也进行蠲免。

粮户交纳漕粮，开初时按照明代做法，由粮户向运输漕粮的运丁直接交兑。到征粮季节，运丁驾船到兑粮州县码头停候，粮户携米向运丁交粮。粮户交兑时，运丁依仗官府，挑剔米色，额外勒索，粮户忍痛多交米石，或另给银钱。顺治九年（1652年），官府为预防上述弊端，改为"官收官兑"。各州县设置粮仓，令粮户送粮入仓存储，待运船到州县，由州县官员负责交兑，解除了运丁直接向粮户的勒索。

漕粮改由州县征收后，为预防拖欠和胥吏侵蚀，征收前由州县预先颁发易知由单，通知开仓收纳日期，听民完纳。粮户纳粮据三联单对册完纳，纳后给收据一联，谓之串票。其余二联，一发经承销册，一存州县备查对。

粮户完漕以白粳为原则，米粒须干圆洁净。如因水旱歉收，或因土质关系，米色不齐，须预先奏明，得通融红白兼收，籼粳并纳。

州县置仓收漕粮有两种办法。江南苏州、松江、常州、镇江等府，漕粮较多，按照乡村设置仓库，粮户交粮到指定仓库，以免拥挤守候。湖北、山东二省和江宁府所属，粮多之处按村置仓，粮少之处直送县仓。浙江、江西、湖南、河南四省，粮户一律运米到州县仓库交纳。

国家对防止漕务弊端极为注意，采取的措施有：（1）收粮力求迅速，以减少漕官、漕书和胥役等勾结作弊的机会；（2）加重州县官收漕粮的责任，收漕时州县官须亲身查验，以防止漕书吏胥营私舞弊；（3）简化征收漕粮手续，防止浮收；（4）注意斛量，令各省收兑漕粮,由粮户自行执挡,以防斗级多收斛面;(5)使地亩所应征粮额明确化;(6)为预防豪右拖欠,对有抗欠绅衿按律治罪;(7)改善征收漕项银手续,乾隆二年(1737年),取消经承秤收制度,由纳户将银两自封投柜,届期一体监拆。雍正、乾隆两朝,在整顿漕政方面收到一定功效。到乾隆中期以后,伴随吏治腐化,漕政逐渐败坏。

漕粮征收后,由漕船到各码头装粮,而后各帮漕船依照规定开行次第开航。航行次序是根据距离京通路程远近而定。山东、河南帮船在前,湖北、湖南、江西帮船最后。帮船过淮安及到通州的日期都有严格的规定。漕船不按时到达,就会影响第二年新漕兑运,因此,朝廷对此十分重视。

漕船北上,经过长江、横渡黄河,在淮安以南还有几个大湖泊,如遭遇风暴,或水流湍急之时,存在覆没的危险。朝廷为预防意外,一方面严定漕船吃水限制,以防因超载而发生事故,另一方面设立望楼,加强对天气观察,指挥漕船行止。此外,加强救护设施,如救生船只等。

漕粮运抵通州后,某省某帮船只所运漕粮兑交某仓库,在仓场主持下当众抽签而定。嘉庆十四年(1809年)改为各省帮船未过天津以前即预先掣定所交仓库,以防止运丁和吏役勾结舞弊。

漕粮分两处卸交,正兑漕粮在石坝卸粮,改兑漕粮在土坝卸粮,经检验后,由政府雇募经纪把粮运往京仓收贮。

运丁运漕粮到通州起卸交仓，须向坐粮厅诸仓交纳部分银两作为交粮手续费，叫"茶果银"；按所运米额津贴转运漕粮的经纪和车户的叫"个儿钱"。这种额外勒索，以后得到政府承认，遂为定制。

贮存漕粮的仓廒，通州有中、西2仓，共250廒，专贮王公百官俸廪米石。京师有禄米等13仓，共956廒，专贮八旗三营兵食、文武四品以下官俸禄米、官军马豆。各仓储粮有定数。嘉庆以后，由于漕粮运额日减，各仓廒进存米额也日少。

清政府为了整肃漕政的腐败，制定了一系列赏罚规程。如勒收折色和偷盗漕粮的禁令；米质掺和霉变的禁令和惩罚规程；漕粮的完欠和奖惩；漕船延误期限的惩罚，等等。整个漕运制度是靠赏罚制度来维系的。

为了把征收的漕粮运到北方，清王朝沿袭明制，设置了一套完备的执行机构，在北京和通州设有仓场衙门和坐粮厅，在淮安设有漕运总督衙门，各省设有粮道衙门，各州县收漕也设专门机构。就各级官吏职权区分，大致可以分成六类：监督巡查官、征收监兑官、押运官、领运官、催趱官、漕仓监收官。各级官吏，按其职权分别负责，从向税户征收起，至京通交仓止，制度严明，自成一个独立的体系。以上各级漕事官吏，在中央一级归户部主管。户部内设云南清吏司，除管理云南钱粮外，兼理全国漕政事宜。在户部尚书之下，云南清吏司就是设在北京的漕政直辖机关。

由于漕粮关系京师官员及八旗士兵供应，所以对有关官吏制定了严格的赏罚制度。顺治十二年制定漕务官吏考成则例。(1)关于漕粮征兑：若不能及时征兑，经征州县卫所各官，分别罚俸、住俸、降级、革职，责令"戴罪督催，完日开复"。(2)关于到淮盘验：粮船到淮，盘验之时如发现粮额不足或米质不纯，监兑官及押运官分别治罪。道、府、厅不揭报者，照失察例议处。(3)关于漕船沿途运输：令沿途河镇道将领，遇漕船入境，按汛地驱行，"如催趱不力，听所在督抚纠弹"。(4)关于粮船抵通州，押运官及运船须出具粮米无缺印结，若粮米有亏或米质不纯，令旗丁赔补，并将押运官治罪。尽管如此，但由于漕运总督、各省粮道、征收及监兑官吏、押运及领运官吏、催趱及监收官吏，都把办理漕务视为利薮，尤其清中叶以后，伴随政治腐败，漕官贪污日益严重。

漕船数目，因时期而不同，康熙以前全国漕船共14505只，雍正以后逐渐减少。雍正四年（1726年）有6406只，乾隆十八年（1753年）有6969只，嘉庆十七年（1812年）有6384只，道光九年（1829年）有6326只，咸丰元年（1851年）只剩下6296只。

漕船组织以帮计，每帮船数多少不等，一般为30多只到60多只，但有的多至90多只，最少者10余只至20只。

雍正以后，历朝出运漕船数以6000多只为常，但稍呈减少趋势。漕船裁减原因主要由于田亩荒废，漕粮减少。

漕船建造设有专门造船厂。较大造船厂有江苏的淮安、清江、江宁,湖北的武昌、汉阳,山东的临清,浙江的仁和、钱塘。运船较多的卫所有安庆、新安、宣州、建阳、金山、镇江、苏太、镇海等卫,江西各卫所,则按船发给各丁料价,由运丁在当地设厂打造。

漕船大致可分为三种:江西、湖南、湖北三省的漕船叫江广船;江南、浙江的漕船叫江浙船;山东、河南的漕船叫浅船。江广船行经长江,船身最大,雍正二年规定,船身加长到90~100尺。江浙船仍袭康熙二十一年(1682年)规定,船身长为71尺。各船装米数量,康熙年间定400石为准,实际容积皆在1000石以上。漕船尺寸大小,乾隆中期以前,吏治严明,所定规制尚能维持。嘉庆年间私弊渐多,运船容积日益增大,动辄搁浅,于是再次下令将船身缩小。

漕船的更新以十年为期,国家发给运丁部分料价银,不足部分由卫、帮自己筹划。更新部分每年为十分之一。运满十年船只叫满号船,不准继续出运。但有特殊情形,可以放宽多出运一次。

清朝初期,造一船需银600~700两,后来物价昂贵,增到1000多两。政府拨款仅200余两,缺额太多,故又另给津贴。卫所运船造费,则全赖屯田收入。

除新船打造费外,从新船第二次出运开始,政府另给修理银两。

清朝沿明代旧制,有漕各省卫军继续挽运漕粮,这部分运粮旗丁称为运丁。

运丁运粮的编派,大抵以本省卫所军挽运本省各府州县漕粮为准,但也有例外。至清代后期,全国漕船共计118帮，船6283只，每船配运丁10~12人，轮流出运。每次由1人领运，其余9~11丁出银帮贴济运。

运丁运粮，国家给予一定的补贴，作为运粮报酬。补贴大致可以分成三类，一是行粮、月粮、赠贴、修理船只等费，二是准令携带定量商货，并优免关税，三是分派屯田耕种，以资补贴。

卫所屯田创设于明代初期，军饷的大部分靠屯田收入，后来有漕各省卫所军从事漕运，卫所屯田变成为津贴运军的土地，故又名"运田"。漕运屯田数额，时有变动，据乾隆三十年（1765年）的清查，共计有700多万亩。卫所屯田大多数同卫所连在一起，有的隔府乃至隔省。屯田的分配也有不同，有的运船帮丁分的地多，有的分的地少，也有的卫没有屯田。屯田由候轮者耕种，耕者须向国家完纳正赋，以及出"津银"（地租）作为出运的运丁俸廪及充饷之用。也有由农民耕种，由卫所经理，按亩征收津银解交粮道库，然后转发运丁。

由于屯田关系运丁出运，因此国家对运丁屯田十分注意。原无屯田的卫所设法为之置办屯田。

清王朝为了维护漕运，乾隆三十九年还制定了强制性储蓄制度，令各省将各卫所运丁每年应得屯田津贴酌扣十分之一存贮粮道库。这项贮银专供两种开支：一是备农产歉收之年发还运丁，以防因经济困难而影响运务；一是预防运丁遭遇风火事故作为补偿和造船费用。

屯田由于济运，关系漕运制度的正常持续，故严禁典卖。这种政策措施在清代前期收到一定效果。清中期以后，由于漕政腐败，各处漕务官吏皆对运丁进行勒索，运丁经济日困，除借债典卖衣物外，最后则违禁典卖屯田。漕运屯田在乾、嘉两朝大量减少，引起清王朝严重关注。

如何将失额屯田使归漕运，清政府采取了种种办法，如鼓励开垦，清查被豪右吏胥侵隐屯田，回赎典卖屯田，等等。尽管如此，屯田民田化趋势还是一直在发展。

清代管理运道的最高长官是河道总督，计：江南一人，驻淮安；山东、河南一人，驻济宁；直隶河道总督以直隶总督兼理。他们的职责是总揽一切有关运道的政令，如疏浚河道，修筑堤防，治理河渠等，并兼管黄河、永定河事务。总督下设置各种官员：设河道库一人，驻清江浦，掌出纳沿河款项；设置专司或兼管河道6人，分驻徐州、淮安、济宁、兖州、天津、通州。长江以北运河，南起瓜洲，北至通州大通桥，计程2000余里，全程分17段，每段长者百余里至数百里，短者十余里至数十里，分设同知、通判，分段责成，诸如修筑汛河堤埝、闸坝，挑浚淤泄，导引泉水等事务，皆由他们管理。每段下设闸坝汛，计江南14闸，设闸官11人；山东48闸，设闸官31人；又直隶1人，共计43人，其职责是专门负责闸的启闭，按时蓄泄。守汛防汛专设武职，设置河标、河营等副将3人，参将2人，游击5人，都司4人，守备33人，千总53人，把总71人。

清代漕政，在顺治年间，由于政权初建，前明后期漕政弊端沿袭未变，因此弊端较多。后经康熙、雍正两朝整肃后，漕弊悉除，官民便利五十余年。至乾隆中期以后，漕政又日趋败坏，这种变化的产生，政治腐败官吏贪污是其中的一个关键性问题。嘉庆、道光两朝虽然尽力整顿，最后以失败告终。

漕运的最后衰败

中国古代漕运走过它的辉煌历程，到清中期以后，逐渐走向衰败。为什么清中期以后，漕运会走向衰败呢？

（1）南方经济中心区的经济衰退。太湖流域地区经济，从隋唐开始将余粮北运，以后继续发展，一直到清代中期，持续了一千多年，达到发展的顶峰。大致从嘉庆、道光之际开始走下坡路。

从棉纺织业来看。棉纺织业过去几乎为苏、松、太三府所独擅，由明代后期至清前期，黄河流域棉纺织业逐渐兴起。有的还向外地运销，这对江南棉纺织业的发展产生不利影响。至同治年间，布匹滞销情况已很突出。苏松太三府棉纺织业不仅遭遇国内其他地区棉纺织业的竞争，而且逐渐受到外国棉纺织品输入的打击。自道光二十二年（1842年）鸦片战争失败，五口通商后，外国棉纺棉布输入更多。中国棉纺织品遭到严重打击，从而使纺织业走向衰落。

太湖流域水利破坏，是这个原来经济中心区衰落的又一个重要原因。隋唐以后，尤其是宋代开始，国家特别重视江南农田水利，由明代至清代前期，国家继续拨款兴建大规模的水利工程。清中叶以后，国家财政短缺，忽视对水利工程的兴建。以苏州府为例，由道光元年至同治十三年（1874年）的50多年间，较大水利工程共25项，其中有款额记载的11项，但由政府拨款的仅两项而已。农田水利工程和其他生产技术不同，一条沟洫涉及一村，一条河流涉及千家万户，并非一家一户所能独办，而且农民自己也无兴修能力。由于国家忽视，宣泄积水和灌溉的沟洫渐行破坏，乃至淤为平地。这种情形到咸丰以后尤为严重，灌溉渠道多被淤塞，田间拦水圩埂多被冲毁。由于水利破坏，水旱灾害严重。道光三年，江浙发生了严重水灾，此后，接连两次灾荒，元气大伤，是太湖流域经济衰颓的关键。水旱灾情扩大，严重影响农田收成，道光元年至十年（1821~1830年），浙江省收成只有7~8成的有50多个州县，不满6成的有1个县。而到了光绪元年（1875年），收获8成的只有1个县，收获不满6成的增至40多个州县，到光绪二十六年（1900年）时，竟达到59个州县。清代后期农业生产下降趋势十分显著。

在农业生产衰落的同时，人口继续在增长。如苏州府，康熙十三年（1674年）为143万人，嘉庆十五年（1810年）增至320万人，道光十年又猛增至591万人。人口增长快，人均耕地减少。清中叶以后，尤其是道光以后，江南农业经济区的衰落，农民对繁重的漕粮已无力再承担。

（2）漕务官吏对农民和运丁的贪索，给漕运带来的严重后果。

为了保证漕运的进行，明清两代都实行屯田制，按船分配屯田，作为运粮的报酬。但运丁由州县兑粮北上，到京通交仓，要经过很多关卡，对各处官吏都要行贿打点。各处与漕运有关官吏，都把漕运视作财源利薮，对运丁进行勒索。至道光年间，每帮运船仅在通州仓场的花费，计对仓场经纪贿银就要1500两，对验收米的坐粮厅贿银200两，其他各处之贪索就可想而知了。运丁虽有屯田辅助和各种贴补，但远不敷运粮的花费，因此，运丁"视出运如畏途"。为逃避运粮徭役，他们不断设法摆脱卫所军籍。

运丁沿途及到京通交仓各处开支很大，转向兑粮州县取偿，名曰帮费。清初每船给帮费银30两，嘉庆时有的增至700~800两，至道光十二年，兑运苏州、松江二府的漕船，每船给帮费银洋1300~1400元，道光二十九年，兑运浙江的漕船，每船给帮费银1300~1400两。道光年间各州县漕运帮费的开支，比嘉庆朝增加一倍左右，比清初则增加四十多倍。这些巨额的帮费负担，则通过各种杂派浮收勒折转移到交纳漕粮的农户身上。与此同时，地方官吏额外加派，浮收勒折，贪索分肥更大大加重粮户负担。民户难以为生，因此，抗漕斗争案件时有发生。如咸丰元年（1851年），浙江爆发抗粮斗争，咸丰三年江苏江阴、震泽、松江、华亭爆发抗漕运动,使漕粮无法正常征收。这种情况具体反映于各省起运额逐年递减。乾隆三十六年(1771年)运粮额368.79万石,嘉庆六年尚能维持358.57万石,道光年间运额几乎是逐年下降,至道光二十二年后,每年起运额只有200多万石。咸丰年间(1851~1861年),太平天国革命爆发,漕运中断。

③河道阻塞,给漕运带来严重问题。

嘉庆年间(1796~1820年)之后,沟通南北的大运河,因河政废弛年久失修而到处淤滞,一是黄淮交汇处的淤塞,一是由淮安至山东临清运道的阻塞。

运河横渡黄河是一个关键问题。咸丰五年以前,黄河是经由淮安东流入海,运河与黄河在此相交呈X形状。黄河水含有大量泥沙,至苏北因水流缓慢,泥沙淤积加快,影响运道。政府为维持运道,在洪泽湖畔高筑堤岸,提高水位,待春夏湖水上涨,启坝放水,用以冲刷黄河淤沙,这就叫"借清刷黄"。为此必须保持洪泽湖水位高过黄河7~8尺,乃至10尺以上。乾隆年间(1736~1795年)以前,洪泽湖都保持较高水位,所以黄河遂无淤塞之患。嘉庆朝以后,黄河失修,水流迟缓,河身淤积日高。嘉庆九年,黄河流水一度倒灌洪泽湖。嘉庆二十一年,清政府下令对黄河大加挑修,洪泽湖水位相对上升,才比黄河水位高出二尺有余,已丧失刷黄的功能。

道光年间(1821~1850年),黄河淤淀更加严重,河水高过湖水变成正常状态。黄水反向湖中倒灌,湖底逐日淤积而升高。清政府为防止湖水溢出冲毁运道,在湖东岸高筑湖堤，这就是有名的高家堰。这时运道畅通情形已大不如前了。

道光四年，高家堰大堤溃决，冲毁运道，运河水量激减，漕船挽运十分困难，大学士孙玉庭、两江总督魏元煜遂倡议"借黄济运"，即引用黄河水灌注运河。引黄济运结果是运河河床因淤淀而日高，如淮阴一带河床，道光六年比道光元年高出15尺之多，漕船渡黄变成严重的问题。由于河床的变化，由嘉庆至道光数十年间，黄河时常溃决，直至咸丰五年黄河北迁，河决之患才有所减少。

关于淮安至临清1100里的运道，经过地区先由低而高，再由高而低，其高埠地带或造山通道，或借助山泉之水，有时还截留农民借以溉田之水以通运道。气候稍一干旱，即淤浅难行，至道光年间日益严重，以致重载船只在中途浅阻，回空船则在北方"守冻"过冬。咸丰三年后，因战争关系漕运停顿。咸丰五年黄河北迁后，山东北部运道也遭受破坏。同治年间（1862～1874年）山东恢复漕运，但由于河水小，需到处起剥，漕船磨河而行，多靠人工牵挽。同治九年，由八里庙到临清一段河水干涸，只能靠民车陆运。沟通南北的大运河日益梗阻，通过河道运送漕粮已十分困难。

④清代后期漕运体制改革步履艰难，回天无术。

京通存储漕粮减少，是直接影响京师粮食供应的大问题。国家从维护封建统治出发，不得不着手改变旧的漕运体制。

清初，即有人提出改革苏、松重赋问题。汤斌奏称：苏松农民逃税，实在是出于无力完纳。康熙帝曾根据大臣奏报，暂行停征和免除积欠，但漕项钱粮不免。道光以后不同了，主要着眼于改革漕运制度。这时有关改革的建议主要有减征漕额，改行海运，停止漕粮改征折色等。减征漕粮是针对东南尤其太湖流域漕粮过重，农民无力负担而发的；改行海运是针对运道梗阻，挽运漕粮弊端过多而发的；停止漕运改征折色的目的，也在缓解东南漕粮区的矛盾。

太平天国以后，农民抗漕激烈，征漕更加困难，臣僚们再次提出改折减额的建议，但也回天无力。

为了解决京师粮食问题，最值得注意的一项是：建议举办直隶水利工程，种植水稻，以抵南漕，此建议得到咸丰帝的重视。在封建国家大力提倡和主持下，有的地区取得一些成效，但并没有收到以抵南漕的预期目的。

江南经济中心的衰落，南北运道的淤塞，粮户和运丁的反抗，漕政的腐败和漕政改革缺乏成效，导致延续上千年的漕运，在清中叶以后就越来越不景气，它已经走向历史进程的最后时刻。

6 漕运的停止

河运运道逐渐梗阻以后，陶澍于道光五年（1825年）提出海运问题，道光六年一度试运，道光二十七年部分地区实行海运。漕粮改行海运后，有一批人反对海运。他们的意见是：漕船运丁一向仰赖运粮为生，运丁不下数千，河运停后，月粮仍照旧发给；又沿运河水手不下数万，水手失业，要依赖救济，且虑发生意外事件；改行海运，要另制船只，花费太多；改行海运，漕粮兑收须另行新制，没有把握；海运多风险，且有被掠劫危险；有人还提出海运易遭外国海军威胁，等等。对此，主张海运的人则认为：改行海运可以节省帮费，增加漕粮征运额，还可节省为维持运道而支出的治河费，可以节省为运输漕粮而支出的造船费，以及运丁的行粮和月粮费，也预防了沿途的盗卖与掺和。在主张海运的官员支持下，海运取得成绩：首先是节约用费，增加了粮额；其次是精简了机构，革除积弊。

既然如此，漕运为什么要停止呢？其原因是：

第一，漕粮改折收银两之后，再改回实收粮食的办法已行不通。咸丰、同治朝漕运进行改革，湖南、湖北、江西、安徽、河南等省先后实行漕粮改折。太平天国失败后，清政府又把规复诸省征实起运意图提到日程上，但遭到各省督抚的反对。至此，由折色退回到征实的路子已堵死。光绪二十七年（1901年）江苏、浙江、山东三省正式停止征漕。

第二，北方农业生产在发展，而南方诸省在战争冲击下，农业生产相对衰落。湖南、湖北、江西、安徽诸省在战争冲击下，农业生产的发展受到严重影响。而北方的农业生产却获得较快发展，除供本地人食用之外，仍有富余。如奉天生产的大豆，成船向上海贩运，奉天生产的粟米也贩运到天津一带销售，以致天津粟米的价格比山东还低。天津海河流域由于兴修水利,农田面积扩大很快。北方农业经济的发展,减少了对南方的依赖。

第三,伴随商品经济发展,商品粮的贸迁增加。当时官员认为,由于粮食贸迁的发展,京师的食粮问题,已可以通过市场调节来解决,无须再征实海运。如何文炬在《折漕议》一文中主张停止海运,招商贩运食粮。郑观应也认为:北上商品粮已源源不绝,京师再无缺米顾虑;漕粮改折后,八旗官兵和京官俸米可按米发银,买米食用。光绪元年薛福成建议:将江浙漕粮改收折色,在天津、通州、北京三处招商运米,国家给予各种优待,使商人有利可图,如此,则江、浙米商都会航海北上,山东、河南两省米、麦亦可经运河而至,京东丰润、玉田等县所产之米也经由粮商贩运京师。光绪二十一年,两江总督张之洞所上《南漕改折》疏也说,从前,由于从事贸迁的商贾少,所以要维系漕运制,现在不同了,不但海运畅通,而且商运省费而便捷,因此,极力建议停漕。大约同一时期,顺天府尹胡燏棻也上疏请停征南漕,听商贩运。他说,自从轮船畅行以后,商人源源不断把米运到北方,而今,市中有米与官中有米是没有什么不同的。可见,这时市上已有大量商品粮流转调剂,无须再征实海运,这是江浙得以停漕的一个重要条件。

第四,国家财政困难,漕粮改行折色,可以节省开支,增加收入,这是停漕的又一因素。郑观应说,江浙漕粮海运,所费达两千数百万两银子,如行改折,由于运粮而花销的各项开支,都可以节省下来,可以增加国库收入，弥补财政困难。

第五，停止海运实行改折，还可以革除积弊。漕粮改行海运之初，漕运积弊曾有所改善。但没有维持多久，伴随吏治腐败，贪索之风又复起。改行海运，还要经过州县征收和内河拨运。州县征米贮仓有修仓、搭篷、纸张、油烛等费，内河拨运有水脚、交兑、夫船、耗米等费，有兑米、夫役、上海守候之费，而浙江嘉兴、湖州两府额征白粮各项开支名目尤为繁多。改行海运之后，虽然减少了津贴运丁的帮费，但与漕粮有关的各衙门陋规，征收过程中大小户的差别等仍然如故。在沙船挽运时，沙船船主耆舵与牙栈相互勾结，受兑漕粮之时折收银钱，少装漕粮，从中渔利。在招商局轮运之时，当各州县运粮到上海交兑，招商局船商和上海官员互相勾结，多方挑剔，州县派来兑交漕粮官吏都要受他们挟制。而且后来轮船运米也有掺和情弊发生。由天津到通州的转拨弊端尤为严重，沿河之民与剥船相通，以备好的稻皮稗子砂姜之类抵换漕米。

从漕粮征收过程而论，实行海运，粮户完漕原应以米完纳，然州县多折收银两。州县征粮浮收勒折，买米存仓，较原额增收数倍。

在当时的政治气候下，以上种种弊端只有停止征漕才能彻底革除。

在上述因素凑合下，清政府于光绪二十七年七月二日颁布停漕令。沿袭千年的漕运，到此终结。

漕运既停，因征运漕粮而设置的各衙门、卫所等机构逐渐停革，屯田亦改为民田。

二 农业区域的历史变迁和历代王朝对农业发达地区的建设

长安、洛阳、北京等一旦被某一王朝定为首都之后，随着封建政府机构和军事组织的不断扩大，都会在京畿地区造成食之者众，生之者寡的局面。封建王朝为解决京都粮米供需的严重矛盾，就得从外地调运粮食。但粮食从何处获得呢？农业经济不发达地区，有的连当地口粮都难以解决，当然谈不上有多余粮食支援外地，因此，首都的粮食补给只好依赖于农业经济发达区域。农业经济区的变迁，对于全国经济重心的转移，对漕粮供应能力和漕运方向路线的变化影响甚大。而政府为了保证漕粮对京师源源不断的供应，也往往对基本经济区的农业开发与利用给予高度的重视。

农业要发展，水利是关键之一，这是古今的共识。水是农作物生长的命脉，所以作为改变自然干旱状态的引水灌溉工程的建设，就有利于荒地的开拓，从而有效地扩大耕地面积。与此同时，也可以变低产田为高产田，提高粮食单位面积产量。在雨水多，又易发生涝灾地区，建设排灌水利工程，不但可以预防水灾，保证丰收，而且也有利于低洼地的开发利用。对古代社会而言，经济区的建设，在很大程度上是水利建设的投入。

在中国历史上，农业经济区域发生过许多变化，其中最重要的是南北农业优势的易位。大抵中唐以前，黄河中下游地区农业在全国处于领先地位，中唐以后，长江下游的江南地区成为全国农业最发达地区，全国经济重心也由黄河流域转移到长江流域及其南境。与此相适应，中唐以前漕粮供应主要从黄河流域获得，漕运路线主要是由东而西方向；中唐以后漕粮供应主要从江南地区取得，漕运路线改为由东南而西北或由南而北的方向。

1 战国秦汉黄河流域农业经济的发展

黄河中下游是中国农业的主要发源地之一。在河南、河北、陕西、甘肃、山东等地已发现距今八千年上下的农业遗址。在农业发展基础上，以黄河中下游为中心先后建立了夏、商、周王朝。不过，直到春秋以前，黄河流域的开发还是初步的。耕地主要分布在都邑的近郊，稍远一些就是牧场和荒野。黄河流域大规模连片的开发，是春秋战国以后的事情。这种大规模开发活动的物质基础和推动力量，是铁器和牛耕的推广。中国使用生铁铸造农具不晚于春秋中后期,到了战国中期已遍及全国许多地区。在黄河中下游地区,用铁农具耕作,就像用瓦锅做饭一样普遍。当时的铁农具主要是锄、镬、锹、镰一类。西汉时牛耕在黄河流域普及,并逐步推向全国。铁器的广泛使用为大型农田水利灌溉工程的兴建创造了物质前提。黄河流域的农田灌溉虽在西周时代已经出现,但很长时期内只是零星的、小型的、分散的,大规模农田灌溉工程的建设始于战国。秦汉中央集权统一帝国建立以后,尤其是汉武帝时期,掀起了农田水利建设的新高潮。以上这些因素的综合作用,使黄河流域的宜耕地基本上获得开发,使农业技术和粮食产量大幅度提高,使黄河流域农业生产获得全方位的发展,从而把其他地区远远抛在后头。

秦汉时代黄河流域中下游经济区主要包括关中地区和关东地区。关中指函谷关(在今河南灵宝境)以西秦岭以北的陕西全境和甘肃东部的秦国故地,其核心则是陕西的关中盆地。这一地区农业历史悠久,但在相当长一段时间内为西戎游牧民族所盘踞,农业落后于关东。战国时经过秦国几代人的经营,农业发展迅速。尤其是战国末年秦国采用韩国水工郑国的郑国渠工程设计,在渭水地区开凿了大型灌渠郑国渠。该渠把泾水引入泾阳县西北的瓠口(亦称焦获泽),作为调节水量的蓄泄池,然后开渠东流,又巧妙利用陂泽和河流的水源,妥善解决了渠道的长途输水问题。郑国渠长300公里,建成后溉田达4万余顷,每亩收成可达一钟（约125公斤），使关中地区成为沃野，奠定了秦国兼并诸侯、统一中国的重要物质基础。当楚汉纷争之际，两军对峙于荥阳，汉军赖有萧何转输关中的粮食，得无断粮之患。刘邦君臣讨论建都地点时，张良亟言关中的富庶与险要，称誉关中为"金城千里，天府之国"。

好大喜功的汉武帝内外兴作，京师对粮食和其他物资的需求急剧增加。汉武帝除千方百计开通渠道、开辟漕粮供应的新来源（例如开凿渭漕渠、河东渠，尝试疏镌砥柱、通漕褒斜等）外，还着力于发展关中的农田水利，以增强关中自身的粮食供应能力，汉武一代的农田水利建设高潮，其重点即在关中地区。

早在武帝元光年间（公元前134～前129年），已开凿了由长安沿终南山北麓向东到黄河的漕渠，这条渠虽然主要是为了缩短关东漕粮西运的途程，但沿岸临渠的一万多顷土地亦由此获得灌溉。

武帝元朔至元狩年间（公元前128～前117年）试图开发洛河水利，修建龙首渠。此渠开凿了十年，为了穿过很容易塌方的商颜山，创造了井渠法。渠成后灌田万余顷，但没有完全达到预定目标。

元鼎六年（公元前111年）根据左内使兒宽的建议开凿六辅渠。这是在郑国渠南开凿的六条小渠，灌溉郑国渠所不能灌及的高地。

太始二年（公元前95年），赵中大夫白公请引泾水以注入渭水，计开渠长200里，渠道经过当今的泾阳、三源、高陵等县，在临潼仍入渭水，沿渠受益农田多达4500余顷。这就是历史上有名的白渠。

此外还有灵积渠、成国渠、沣渠等。

武帝末年任命赵过为搜粟都尉，推广耦犁、耧车等"便巧"农具和代田法等先进农业技术，"三辅"（即当时关中地区）也是重点推广地区之一。

所有这些措施，都极大地促进了关中农业的发展，使之成为当时全国最富庶的地区。司马迁在《史记》中说："关中之地，于天下三分之一，而人众不过什三，然量其富，十居其六。"班固《西都赋》描写关中地区"下有郑白之沃，衣食之源，提封五万，疆场绮分，沟塍刻镂，原隰龙鳞，决渠降雨，荷插成云，五谷丰颖，桑麻铺棻"。

不过，司马迁讲的"关中之地"是包括与关中经济区密切相联系的巴蜀和天水、陇西、北地、上郡（四郡在今甘肃省和陕北一带）在内的。尤其是巴蜀，早在春秋时代，已有比较发达的稻作农业。后巴蜀灭于秦。秦昭襄王时（公元前306～前251年），李冰为蜀守，在总结巴蜀人民治水经验的基础上建成了都江堰水利工程，不但免除了岷江的水患，而且通过一系列工程设施，把岷江水一分为二，约束和导引内江水通过宝瓶口，以灌溉成都平原，使成都平原成为沃野千里的天府之国。秦汉时代，巴蜀的货物通过千里栈道源源不断输送到关中，巴蜀地区成为关中和秦汉帝国的重要财源。

关中地区农牧业虽然发达，但其核心区域是三面被群山围绕的长约300公里、宽约100公里的狭长的平原。农业生产发展受到地理条件的限制，关中不可能完全满足京师的庞大需求，京师对粮食和其他物资的需要，不能不在很大程度上依赖关东地区的接济。

关东地区泛指函谷关以东地区，其中农业生产发达地区主要是西起太行山东南麓、东至东海之滨，南及鸿沟系统的河淮之间地区。这一地区农业生产很有基础，而且地方比关中平原辽阔得多。战国时的魏国是最早称霸中原的国家。魏文侯于公元前422年任命西门豹为邺令，西门豹带领当地人民兴建了漳水十二渠，以后魏襄王时史起又加以改造。这是黄河流域最早的一项大型农田灌溉工程。邺地处今河北磁县和临漳县一带，漳河水流经此地，每发洪水即泛滥成灾。此渠建成后，不但避免了水害，而且有灌溉之利。由于漳河水富含细颗粒泥沙，有填淤加肥作用，从而使漳河两岸号称"千古斥卤"的盐碱地，被改造成亩产一钟的良田。魏惠王时，又修建了大型运河鸿沟。鸿沟所流经的河、济、颍、淮地区的农田因此获得灌溉，成为富饶的农业地区。东面的山东半岛因春秋时期管仲改革推广铁农具以来，成为"膏壤千里、宜桑麻"的农业发达地区，沭水、泗水和沂水流域的水利灌溉也获得发展。还应指出，这一地区自春秋战国堤防工程发展起来以后，原来许多河滩荒地得以利用，成为亩产一钟的良田，也促使该地区农业产量的大幅度增加。

关东农业区不但土地辽阔，自然条件、经济基础亦优于关西。如西汉时全国设置铁官的有46处，其中关东占32处，泾渭流域仅4处。经济都会的分布也比关中更为密集。但该地区农业生产受黄河水患严重威胁。自汉文帝十二年（公元前168年）河决酸枣（今河南延津县西南）、通泗入淮以后，两汉黄河决溢频繁，政府亦屡次组织大量人力物力堵口塞决，但效果不佳。至东汉明帝永平十二年（公元69年），王景受命治河，修筑了自荥阳至千乘海口的千里大堤，使黄河第二次改道形成之新河线得以固定。又浚修汴渠，用多水口形式引黄入汴，十里立一水门，使更相回注，避免了溃漏之患。王景治河后，河汴分流，黄河下游农业生产获得恢复和发展。自此以至唐末，黄河出现了900年相对安稳的局面。

有汉一代，关东生产的粮食是漕粮供应的主要来源，山东漕粟由西汉初的几十万石增至汉武帝时的400万石以至600万石。两汉交替时期，灌溉系统完善、农业生产发达的河内地区（今河南省黄河以北地区），成为刘秀借以争夺天下的粮食供应基地，他命令寇恂在此坚守转运，"给足军粮"。刘秀夺取全国政权之后，放弃了汉兴以来的都城长安，迁都洛阳，和就近取得关东粮食的供应是有关系的。由于长安不复为都，加之东汉中期与羌人长期战争的破坏，关中地区经济受到破坏，黄河流域经济重心出现了东渐的趋势。

2. 魏晋南北朝南北农业发展的不同态势

东汉末年，军阀割据混战，继有北方原游牧民族的南下，战乱频仍，中原人民死亡逃徙，户口锐减，田地荒芜，水利失修，黄河中下游地区农业生产受到很大破坏。不过，在个别时期和局部地区，北方的农业生产仍有所发展。例如河北地区（指太行山以东的黄河以北地区）就在本时期获得进一步开发。这一地区地势低洼，黄河水经常在此漫溢，直到汉代仍然相当萧条。王景治河的成功为它的开发创造了有利条件。三国时，曹操经营了河北，开凿了白沟、利漕、平虏、泉州诸渠，使分流入海的各河在天津附近汇流入海，形成海河水系，加速了当地的开发。到了北朝后期，河北已成为北魏、东魏和北齐的重要"资储"供应地。又如淮河流域的农田水利和农业生产也获得较大发展。汉末至三国纷争时，淮河流域经常驻扎大批军队，当权者往往令驻军就地屯垦，以解决军粮问题，农田水利也因而获得发展。如建安初年（196年），扬州刺史刘馥已在该地区修筑陂塘，挑修沟通淮河的睢渠。魏正始中，邓艾在淮河、颍水一带屯田，在颍南、颍北开凿沟渠300多里，溉田2万顷。从此淮河南北，东起寿春、西到许州，灌溉系统日趋完善，农产日丰，成为政府仰赖的财赋要区。由东晋历宋、齐、梁、陈诸朝，淮河流域是南朝抗拒北朝的军事基地，统治者对当地农田水利亦颇注意。不过由于战争环境的影响，淮河流域始终没有成为能与历史上的黄河中下游和江南地区相颉颃的基本经济区。

长江中下游是中国农业的重要发源地之一。农业历史也可追溯到距今六七千年以至九千年以前。春秋时代,在这一地区建国的荆楚和吴、越农业经济已相当发达。但战国至秦汉,由于各种原因,当地的农业远远落后于黄河流域。据《史记》、《汉书》等书记载,两汉时期江淮以南地区地广人稀,实行"火耕水耨"或"刀耕火种"的粗放经营。直到魏晋南北朝时期北方人口的大量南移,才重新揭开长江流域及以南地区大规模开发的序幕。

东汉末年,以及晋和十六国时期,中原地区战火纷飞,史称"无月不战"。当地社会经济遭到严重破坏,曹魏及西晋时,曾经出现的繁荣已化为灰烬。中原人民在战争威胁和地方军阀征兵征饷压迫下,四处逃亡,或北走冀州,或东徙辽东,或西入巴蜀,而山东南部和淮河流域人民则多渡江南下。中原人民纷纷南渡,对江南开发是一股巨大力量。

中原人民南渡,不只是带来了广大劳动力,并且把北方优良的农业生产技术和水利方法传播到南方。长江流域潮湿多雨,河流纵横,湖泊繁多,自然条件优越,有利于农田水利开发。

东晋王朝(317~420年),从南渡之始即已开始注意水利兴修和农田开垦。元帝大兴四年(321年),张闿兴修曲河新丰塘水利,溉田800顷,陈敏兴修练湖水利,兼供灌溉和运输之需。

宋、齐、梁、陈四朝在农田水利建设上也取得一些成就。如刘裕派遣毛修之对寿阳(今安徽寿县)芍陂进行修复,灌溉良田数千顷,其后,刘义欣又继续修治,灌溉农田达万余顷。宋元嘉五年(428年),张邵为雍州（今属湖北）刺史，在襄阳筑长围，修立堤堰，开田数千顷，"郡人赖之富赡"。再后刘秀之为襄阳令，修复襄阳六门堰，良田数千顷又获灌溉，"雍部由是大丰"。又南阳太守沈亮，决沈湖满溉，垦废田200顷。刘宋景平元年（423年），豫章郡（包括今江西锦江流域、南昌市、清江县等地）蔡太守，在境内开塘为水门，水多时则闭之，塘内水多时则泄之，以利灌溉。又在会稽郡（治所今浙江绍兴）内，在浙江东北长湖口沿湖开水门69处，溉田万顷。梁朝南豫州刺史夏侯夔率军人于苍陵立堰，溉田千顷，岁收谷百余万石。

由东晋历南朝二百余年间，一直在凿塘筑堤，兴修水利，扩大灌溉面积，农业生产迅速发展，单位面积产量继续增长，为南朝封建统治的相对稳定奠定了基础。

魏晋南北朝时期，由于江南地区大规模的开发，为江南经济区的形成和发展奠定了基础。

3 隋唐宋元时期江南基本经济区地位的确立

隋朝建国后，在尽力恢复北方经济的同时，大力开发江南地区。沟通南北，长达4000多里的大运河在这时开凿成功，它不仅有利于交通事业的发展，而且对沿河两岸也有引流灌溉之利。此外，在地方官吏主持下，各地也兴修了不少灌溉工程，如兖州刺史修丰兖渠，排泄积水，使沼泽变为良田；寿州总管长史赵轨修治寿州（今安徽寿县）芍陂五门堰，开36门，灌田5000余顷。由于隋朝政府重视农田水利兴修，所以能积累丰盈的物质财富。

唐朝建国，黄河流域由长期战乱到长期安定，水利事业逐渐兴复，只是难以恢复到往日的盛况。相反，长江流域却在继续开发。中唐以前，东南地区修筑堤、堰、陂、塘极为盛行。其中规模较大的有：朗州（今湖南常德）的北堰、考功堰、石史堰、崖陂、槎陂等，扬州的雷塘、爱敬陂、勾城陂，乌江（今安徽和县）的韦游沟，南陵（今芜湖市南）的农陂、永丰陂，武进的孟渎等。这些堤堰陂塘灌溉农田多则万顷以上，少也不下数千顷。中唐以后，江南水利更有蓬勃发展，从而有力地促进了南方农业生产。安史之乱后，北方社会经济受到严重破坏，黄河流域水利工程不但兴修项目少，而且原有水利工程因失修而逐渐失去效益。相反，长江流域却在继续开发。例如永泰、大历年间（765～779年），润州（今江苏镇江地区）改造练湖，以灌丹阳、金坛、延陵（今武进县）之田；昇州句容县改造绛岩湖，灌溉农田万顷；武进、无锡、山阴兴修了水利工程，灌溉农田4000顷以上。宪宗时（806～820年），韦丹在南昌一带，开凿陂塘，扩大耕地12000顷。文宗大和年间（827～835年），明州（今宁波市）筑仲夏堰，灌溉农田数千顷；湖州长城县（今上兴县）的西湖，灌田达2000顷。福建莆田，除唐初筑有诸泉塘、沥峙塘、永丰塘、横塘、颉洋塘、国清塘，能灌溉农田1200顷外，在建中年间（780~783年），又建延寿塘，农田受益面积达400余顷。农田单位面积产量有所提高，太湖地区逐渐变成历朝依赖的谷仓。韩愈说，天下赋税，十分之九出在江南。这正是中国由南而北漕运制度发展的基础。

唐末五代，中原地区一直处于战乱之中，农田水利建设不但提不到日程上来，而且旧有的水利设施亦因之而受到破坏。北方的农业生产处于停滞状态。南方战祸较少，社会比较安定，加上南方各封建小王朝较重视水利事业，因而南方的经济，特别是吴越的经济获得较大发展。吴越国兴修了著名的捍海石塘，使过去经常遭受海潮冲击的钱塘江两岸农田，得到保护，对农业生产的发展，起到巨大作用。此外，浙江武义县修建的长安堰，可灌农田万余顷；鄞县所修的东钱湖，面积达800顷，经五代多次维修，可灌溉农田50万亩；越州（今绍兴县）的大鉴湖，周围长达58里，可灌溉农田9000余顷。为保护水利工程效益得到充分发挥，吴越国还特别设有"撩浅军"，负责经常性地修治和疏浚工作。当时，还在福建长乐县修海堤，设斗门10个，可抵御海潮袭击，旱时可蓄水，雨时则可泄水，于是堤侧两岸成了良田；连江县东湖，周围长达20里，可灌农田4万余顷。

太湖塘浦圩田系统，在吴越八十多年经营下，在前代基础上，有了很大的发展。"都水营田使"，对太湖治理，有一套比较完备的制度和规模，做到治水与治田结合，治涝与治旱并举，兴建与管理并行，使太湖流域圩田"岁岁丰稔","境内丰阜",户有十年之蓄。

宋元时期,江南经济持续发展。宋代,尤其是南宋时期,建都临安(今杭州),更倚重于太湖流域经济的支撑,对这里的农田水利十分重视。《宋史》称:南渡后,水田之利富于中原,所以水利大兴。稻田面积的扩大,对水利建设也起到促进作用。南宋百多年间,由国家兴修的较大水利工程,至少在56次以上。当时有谚语称:"苏常熟,天下足。"太湖地区成了宋代的经济命脉。这时,按水源情况可以划分成四个区:杭州嘉兴区,湖州区,苏州、松江、太仓区,常州、镇江区。在明代,这四个区的经济持续发展。

4 明清政府对江南经济区的建设

明代,太湖地区是其主要财政来源之地,因此,明政府对该地区水利整治十分关注。如杭州府属,正德十一年(1516年),开河灌田达4000亩;万历五年(1577年)凿河70里,荒地开辟成水田者有10000多亩;如湖州府属,由洪武至天启(1368~1627年)260年间,动工兴修较大水利工程有10余项。苏、松、太三府州,由洪武至崇祯(1368~1644年)277年间,兴修较大水利工程多达37次,修堤筑渠动辄数千以至万余丈。常州,镇江两府,在明代兴修较大工程达10余次,筑堤渠动辄数千丈。正德七年(1512年),修浚宜兴港渎72432丈。这些水利工程修筑为清代水利事业打下良好基础。

如前所述,漕粮对保证京师皇室宗族、官吏、八旗官兵、平民百姓等粮食供给,稳定首都、京畿,乃至各省社会秩序安定等方面都起到重要作用,因此,清政府从建都北京之日起,就十分重视长江流域,尤其是太湖流域征漕区的农业发展。

长江流域征漕区在漕粮征收中的重要性如何呢?清代在一般情况下,每年征收正漕400万石,其中南漕(长江流域征收漕粮)占全部漕粮的81%;而太湖流域正漕又占南漕的56.5%。这就是说,长江流域农业生产的好坏,尤其是太湖流域农业生产的好坏,将直接影响到清朝漕粮征收任务能否顺利完成。由此可见,江南地区尤其太湖地区经济地位的重要性。清政府为了使漕粮征收任务得以顺利完成,对长江流域,尤其是太湖地区农业生产发展十分关注。

(1)江南水利,以太湖为中心。环绕太湖周围数百里的若干州县——湖州府的乌程、长兴,常州府的宜兴、荆溪、阳湖、无锡,苏州府的长州、吴县、震泽,水利都很发达。苏州、松江两府和太仓州都在太湖东南浅水道下游,该区水源多来自太湖,分流入海。由太湖有三条通海的泄水河,即吴淞江、娄江和白茆港,称为三江。吴淞江尤为重要。顾炎武称:治东南之水利必自淞始。

明末清初之际,吴淞江一度湮塞,江边农田失灌溉之利。太湖积水壅绝不下,濒湖区域遭受水灾。要恢复苏、松区域的水利,修治三江入海水道是很重要的。康熙十年(1671年),布政使慕天颜开浚吴淞江,十一年巡抚马祐开浚吴淞江、浏河诸水，以泄苏、松、嘉、湖数府之水，以利田畴。乾隆二十八年（1763年），巡抚庄有恭浚苏、松、太三属由江入海壅淤河道。嘉庆八年（1803年）、十七年、二十二年又一再浚吴淞江、浏河。除治理吴淞江外，清廷对其他水利建设也很重视。康熙四十六年（1707年），清圣祖就委江浙七府州县将河渠应建闸蓄水之处，并应建若干座，经调查清楚后上报。雍正五年（1727年），清世宗皇帝明确指示：苏州、松江、常州、镇江、杭州、嘉兴、湖州诸府州县建闸浚河，蓄水灌田，一切水利工程建设款项由公款支付。此外，在太湖沿岸修筑堤塘又是一大水利工程。其法于田周筑成圩岸，名叫田围，四围河荡环绕，涝时用车泄水，旱时以车进水。沿海州县以筑海塘为主，以捍御潮汐，保护沿岸田舍。塘堤工程之大，动辄数十里以至数百里，花费巨大。长江流域除太湖流域之外的地区在有清一代，对水利工程的兴修也取得重要成就。湖北均州南兴建于明代的长40里的水堰，灌田达数千顷，直至康熙年间还发挥溉田之利。光化县在清代开挖的沟渠就多达40余里。湖南水利工程远超湖北。如洞庭湖湘阴、巴陵、华容、安乡、澧州、武陵、龙阳、沅江、益阳等九州县，据雍正七年（1729年）湖南巡抚王国栋奏报，各州县修堤阻水为田，"大者周围百余里，小者二三里，方圆不一，星罗棋布"，水利工程浩大。又如湘潭县，嘉庆年间（1796～1820年）沿河挖塘、筑堰、修坝、凿井，设置水车提水，或溉数千亩，或溉数百亩。江西东乡县丰城等，层层筑坝蓄水溉田，有溉及千余亩的，也有溉及数万亩的。经过修浚，丰城、清江、高安三县农田，可以年增产稻谷60万石。安徽建平县的5个乡，乡乡筑塘港陂堰以溉田，其中桐汭乡筑塘167个，溉田71177亩；昭德乡筑塘652个，溉田58997亩；临湖乡筑塘439个，溉田75676亩；妙泉乡筑塘228个，溉田56875亩；原通乡筑塘590个，溉田74268亩（以上数据见于光绪《广德州志》）。四川各州县水利经明清一再兴修，水利工程发达，也十分有利于农业发展。

由于长江流域诸省水利事业发展，给农业生产发展提供了良好的条件。就复种情况而言，早在唐代中叶，太湖流域个别地区已经开始，两宋时期得到逐渐推广，如平江地区"割麦种禾，一岁两熟"。平江（今苏州）范成大有诗云："明朝雨来麦沾泥，犁田待雨插晚稻。"到明清时代，尤其是清代前期，水稻与冬麦轮作的一年两作渐成为江南主要的耕作制度。在太湖流域地区，浙江诸省，由于佃农种麦不必交租，增强农民生产积极性。稻麦复种是农业生产集约化在耕作制度上的改革，对太湖流域及浙江诸省的粮食调节有重要作用。

水利的开发，促使了亩产量的提高。北宋时期，平江水稻，中等收成年份亩产米2~3石。南宋时期，浙江水稻，丰收年间，上等田亩收米2.5~3.0石，一般以2石为中。这时出现了"苏湖熟，天下足"之谚。明代亩产与宋代相差不多，如吴县，丰歉爬平拉匀，亩产米2石，上海西乡亩产米3石余，中乡1.5石。浙江海盐亩产米 2.5 石。到清代，亩产略有增加。如苏州府属，丰年亩产米 3 石，又麦 1.2 石；中等年成亩产米 2 石，又麦 0.7 石。如种双季稻，亩可产谷 6.6 石。湖北省荆州府，肥沃耕地每亩产谷达 5~6 石；黄梅县丰年每亩产谷 5~6 石。湖南省宜章县上田亩产谷 5 石。江西瑞安县腴田丰年亩产 5~6 石。安徽凤台县丰年亩产稻谷 4~5 石，巢县丰年亩产稻 2~3 石。正是由于长江流域诸省粮食亩产较高，所以漕粮征收才有保证。

（2）蚕桑业、棉纺织业发展，增强了太湖地区经济实力。江南地区，尤其是太湖流域，其所上交的漕粮，并不全是当地所产，不足部分还需购自四川、湖南、湖北。然而，这里的民户何以有能力买粮完漕呢？一是靠蚕桑业，二是靠棉纺织业。所谓经济重心南移，先是江南水稻的发展，后有经济作物的扩大及农副业的发展。

蚕桑以湖州、嘉兴、杭州等府为主。早在宋代，武康县民就依靠丝绵收入完纳课税。吉安县民靠蚕桑维持生计。蚕桑生产在元代虽曾一度衰退，但到明代又继续向前发展了，嘉兴、湖州二府发展尤为迅速。万历年间（1573~1619 年），崇德县桑田与稻田种植面积几乎相等，产粮仅够农民八个月之食，三分之一粮食靠外地供应。清代前期桑田继续扩大，如吴兴县桑田和稻田几乎平分秋色。如石门县属，万历年间桑地占总耕地面积还不超过 12.5%，至康熙年间（1662~1722 年）已增至 41.4%。桐乡县民户从事蚕桑业者占十分之七。杭州府属九县皆养蚕缫丝，杭州东郊民户，以纠线为业者占十分之九。这里蚕桑基本是商品生产，不但在国内销售，而且还远销到日本。从康熙到鸦片战争前，从浙江到日本的商船有6000多艘，其中丝货占70%。丝价因出口而剧增。湖州府属的南浔、双林、新市、余杭等地丝价，乾隆十八年至二十七年的十年间，比乾隆十年时增加了30%~100%。由于蚕桑收益多，一般来说，一亩桑田产值要比一亩稻田产值高三倍，从劳动生产率角度看，种桑要比种稻提高50%，所以蚕桑业成为当地民户衣食、交税、应酬、治病等重要经济来源，在农民经济生活中占有重要地位。

植棉纺织虽至元代才在松江府发展起来，继而传播到苏州。但到明代时，苏松两府民户已多种棉从事纺织业了。两府所产棉布自用者少，外销者多。据嘉靖《常熟县志》记载，当地所产之布运销山东达十分之六。至清代中叶前，销路继续扩大。如上海县，每到收棉季节，各处商人前来贩运，运销区域，西到江西、湖广，南到广东、广西，北到陕西、山西、直隶，有"衣被天下"之称。来此购货商客，多者用银数十万两，少者用银数万两。嘉庆年间，江南机布还远销奉天（今沈阳），同时向南销到闽广。其运销外省数量，据吴承明先生统计，明代每年有1500万~2000万匹，清代增至4000万匹。其运销国外数量，据卢中平先生统计，自乾隆六年（1741年）至道光十年（1830年）前后90年间，年输出量常在100万匹以上。另据全汉升先生统计，1817～1833年17年间，自广东运出的南京棉布达1900余万匹。这是棉纺织发展在运销方面的反映。而棉布销路的扩大，乃是农村棉纺织业发展的结果。

各民户的棉纺收入，有些地区在其经济生活中占着极其重要位置。据明代中叶记载，松江府属农民家庭，农业收入扣除交税还债外，未到年终屋内已空空如也，其衣食全赖纺织收入维持。清代这种情况更甚。嘉定县外冈农户"无论丰稔，必资纺织以供衣食"。"妇女昼夜纺织，公私诸费皆赖之"。这种情况在苏、松地区普遍存在。

由于各地人民须借纺织收入弥补生计，从而促进植棉的发展。明万历、天启年间（1573～1627年），松江府有大半耕地种棉，到清代道光年间，嘉定宝山等县，种棉面积增长到十分之八，种稻面积仅剩十分之二三。上海、南汇、川沙、奉贤等县情况更甚，已发展到"种稻者十不得一"了。

由于棉田增加，食粮只得靠外地供给。但植棉产值大大高于种稻，所以农民宁愿放弃种稻而改种木棉。这些农民以棉易布，以布易银，以银籴米，以米纳漕粮。明天启年间，徐光启说，这种情况并非松江一府如此，苏、杭、常、镇诸府也是如此，依靠棉纺织及蚕桑收入以承担漕赋。若仅靠田亩之收，是无法办到的。清道光年间，包世臣亦说："木棉梭布，东南杼轴之利甲天下，松、太钱漕不误全仗棉布。"由此可见，江南的繁庶，不只由于自然条件优越，还由于当地人民善于利用自然条件发展经济作物,和不辞劳苦夜以继日地发展棉纺织和蚕桑业,大大提高经济效益,增强了小农经济的顽强性。这就是长江流域尤其是太湖流域民户之所以能承担沉重漕粮负担的奥秘所在。

由于历代政府对经济中心区不遗余力地建设,有力地促进了当地农业生产的发展,从而保证漕粮征收顺利进行,为漕运运转打下物质基础。

三　漕粮运道的开通及维护

　　首都人口不断增加，宫廷消费日益增多，军饷供给繁重，作为首都所在地区的经济发展，却跟不上京师日益膨胀的需求。解决这一供需矛盾，就得从农业经济发达地区调运粮食。然而这些农业发达地区往往远离京师千里或数千里，如何把远在千里或数千里之外的粮食运往京师呢？陆路运输是一种解决办法，但一个劳动力肩挑、背负不过百十斤而已，车运也不过数百斤，因此花费人力多，运费贵，运量也小，加上辗转起卸，又增添许多的麻烦，不是解决问题的良策。河运运输量大，运费也廉，只要有水就能运输，是解决问题的上策。然而，国内几条主要河流都各成一个系统，要由这个系统的水道到另一系统的水道，常常要费好大的周折，有的甚至不可能。因此，需用人力开凿运河，沟通原本不连贯的水道，使舟楫得以直接往还。开凿运河是中国古代人民的一个创举。

　　运河的开凿使政治中心和经济中心连接起来，创造了十分有利的条件，使经济区的粮食源源不断调往京师成为可能。

1. 先秦时期地方性运河的开凿

鲁哀公九年（公元前486年），吴王夫差开凿邗沟以通江淮。其故道自今扬州市南引江水北过高邮县西，折东北入射阳湖，又西北至淮安县北入淮。这是中国最早的运河。

鸿沟约于战国魏惠王十年（公元前360年）开凿。故道自今河南荥阳北引黄河水，东流经今中牟、开封北，折而南经通许东、太康西，至淮阳东南入颍水。连接济、濮、汴、濉、颍、涡、汝、泗、菏等主要河道，形成了黄淮平原上的交通网。

这个时期开凿的运河，主要还是从征战目的出发，在漕运方面还未发挥应有的作用，但对后来的漕运却是至关重要的。

2. 秦汉时期对漕粮运道的开凿

秦灭六国后，建立起中国历史上第一个封建大一统王朝，定都咸阳。咸阳在关中，关中在古代虽有天府之国美称，但它毕竟面积小了一些，仅有泾渭二水下游狭小平原地带。其所能提供的粮食是有限的，一旦超过它所能供养的能力，就要发生食粮不足的恐慌。这种情形，在秦统一六国之前已经显示出来，大一统后，京师缺粮问题就更加突出。为解决咸阳粮食不足的恐慌，唯一的办法是把当时的经济中心地陶（今山东一带）所产的粮食运往京师。然而陶在关东，咸阳则在关中，一东一西相距千里之遥，如何把这两个中心联络起来，运河发挥了巨大作用。陶在济水岸边，咸阳在渭水岸边，由济水可入黄河，再由黄河向西行驶，可达渭水，三水上下相通，为秦代的漕粮运输提供了方便。但从关东运往关中的粮食除产自陶地之外，还有一部分来自菏水流域和江淮之间及鸿沟流域和淮南地方，这些粮食通过战国时期开凿的鸿沟，运往荥阳附近的仓库。运河的存在，扩大了咸阳粮食的来源。

汉初，由于政府实行与民休养生息政策，不搞大规模营建，加上政府机构十分简单，关中人口又因战争减少，因此，这时关中的粮食并不十分依赖关东地区，每年有十几万至几十万石漕粮就可以保证供需平衡。汉武帝时，由于经济建设发展和对外征讨，漕粮增加到 400 万石，至元封年间，竟达到 600 万石。运量的不断增加，超过黄河和渭水原有运输能力，更加上武帝元光三年（公元前 132 年）黄河在濮阳附近决口，向东南流去，菏水和淮泗受了灌注，鸿沟的一部分运道因此而淤塞。漕粮需要量急剧增加，而运道的运输能力却跟不上，为解决这一矛盾，武帝采纳了大司农郑当时另在渭水旁开凿一条渭渠的建议。原渭水弯道多，水少且浅，还多泥沙，对漕运的发展是一个障碍。渭渠经过三年的开凿，大功告成。新渠虽然窄一点，但水道较原渭水直了，水深了，漕船可以畅通无阻，较原来在渭水上行舟更为便利。渭渠开凿成功之后，又有人上书武帝，建议开凿褒斜道，其意图是避免砥柱之险,从山东各地来的漕船由南阳附近运到沔水,溯沔水而上,一直运到褒水,再由褒水的源头用车辆盘过秦岭的山顶,顺斜水而下,由渭水可以运往长安。武帝命御史大夫张汤研究,张经过一番审查,认为该主张可以,于是武帝命张邛去主持这项工程,经过一番努力,道路是开凿好了,但水道却没整理好,因水流还是太急,加上水中多滩,而无法行舟,宣告失败。武帝堵塞濮阳附近黄河决口以后,黄河还是不时地泛滥,对于鸿沟时有影响。最厉害的一次是在平帝时(公元1~5年),黄河水冲入鸿沟,顺鸿沟而下,东南流入淮水;黄河水又循另一条水道冲入济水,由东北入海,把鸿沟整个漕运水系破坏了。此后,由于统治阶级内部忙于争权夺位,战乱连绵,致使鸿沟运道六十余年间得不到整治。明帝时(公元58~75年),社会经济逐渐得到恢复和发展,国家才具备兴建大工程的能力。这时有个乐浪郡(今朝鲜)治水大家王景提出了治理鸿沟的主张,建议把黄河与鸿沟分开,让黄河由另一条水道流去。经明帝批准后,他先把鸿沟由黄河分水处的水门整修,使黄河流入鸿沟的水量有个定数,而不像以前那样的多。此外,又在黄河两岸筑堤,使它不再像以前那样泛滥。六十多年的水患,经过这次整治被扼制了。但鸿沟系统却面目全非,许多支流都不能通航了。黄河原来冲入汳水这一支流,等到黄河归入正轨,汳水就单独分流,成了这次水灾后鸿沟系统剩下的唯一的遗迹。从此鸿沟之名就被埋没,仅存的一条支流汳水,后来被人称为汴渠。

东汉建都洛阳，京师粮食供给还是得依靠东方经济中心区，所以对汴渠这条生命线，格外注意，不敢稍有一点大意。既要做到不让黄河水再次冲入汴渠，也要预防其他水侵入汴渠，同时还要防止汴渠外溢。因此，顺帝在阳嘉年间（132～135年），由汴口至淮口，沿岸堆石为堤，使两岸河堤坚固。在灵帝建宁年间（168～171年），又在汴口增修石门，调节进水的流量。由于汴渠的出水口仅通到荥阳附近，由汴口往上，就进入黄河，到达不了洛阳。为解决这问题，光武帝时（公元25～57年），河南尹王梁提出在洛阳城下开一条水渠，引谷水注洛，但没有成功。20年后，大司空张纯重提整治洛水水道。他改变王梁引谷水办法，在洛阳城南，开了一条阳渠，引洛水入渠，东至偃师县，而后再归到洛水，他成功了。此后，漕船由黄河驶入阳渠，直达洛阳城下，有效地提高了漕运能力。

由于秦汉两代政府，对漕运网不遗余力地整治，从而有效地保证了京师的供给。至东汉末年，战乱四起，使汴渠失去了整治，漕运网再度遭到破坏。

三国魏晋南北朝时期漕运网的破坏及修治

东汉末年，由于战争不断，加上群雄割据，汴渠因得不到及时的疏浚、培护而淤塞。汴渠是漕运网的枢纽，一旦枢纽失去效力，整个漕运网络也就自然解体了。至汉献帝时，经过东讨西伐，中原一带得以重归统一，于是在建安七年（202年），重提整治汴渠故道。在曹操的主持下，仅着手疏浚汴渠的上游，施工部分仅仅达到现在的商丘，所以已整治的这一段就改称为睢阳渠。在三国时期，曹魏为了漕运需要，又在颍水和洧水间开凿了贾侯渠、讨虏渠、广漕渠。开凿广漕渠后，邓艾建议重整汴渠。建安七年，对汴渠的治理仅仅局限于上游一部分，而这次治理目的在疏通汴渠整个水道，使其上下贯通，舟楫通行无阻。汴渠南端的邗沟，虽经汉末战乱，及魏吴两国不断战争，却完好无损，仍可行舟。汴渠重通以后，又恢复了以前漕运枢纽功能。在西晋末年，发生了有名的永嘉（307~312年）大乱。一时战火俱起，整个大河南北成了战场，昔日繁荣富庶的城市成了一片废墟，昔日的良田变成了无人耕种的荒地，大批的人民向江南逃亡，晋室也退守江淮以南。以前辛苦开凿的运河也任其湮塞。东晋偏安江南后，曾想收复中原失地，但国力未强，心有余而力不足。过了五十多年后，桓温当政，打算收复故土，率兵北上。桓温在进军中开凿了巨野泽中的水道。袁真疏浚了涡水的上源，桓温率队由方舆（今山东鱼台县）的菏水往北开渠，经过巨野泽中，在巨野县东北汇入济水，全长约300里，史称桓公渎，或桓公沟。到刘裕时，出兵讨伐关中的后秦，在凯旋时，他重新疏浚了汴渠。于是，他率队由关中顺流而下，通过汴渠抵达彭城。到南北朝的末期，运河的运输萧条了。

4 隋唐时期对漕粮运道的关注

589年,隋文帝统一中国,结束了长期南北对峙和战火纷飞的日子,进入了长期相对稳定的历史时期,为漕粮运道保持畅通提供了有利条件。

隋王朝的统治者,在未实现统一前,即看到政治经济结构已发生变化,经济中心南移,使政治中心与经济中心更加分离,北方政治中心更需要南方经济实力来支撑。连接这两个中心的桥只能是水运。基于这种认识,隋王朝建立不久,即于开皇四年(584年)在渭水南面开凿了一条与渭水并行的水道。该渠自大兴城(今西安市)西引渭水,东至潼关入黄河,全程300余里,大大缩短了漕运航道。开皇七年,文帝又在故邗沟的基础上开凿了山阳渎,自山阳(今江苏淮安)至江都(今扬州市),至大业时(605~616年),又重加疏浚,改称邗沟。这是沟通江淮的主要运道。大业元年,炀帝开通济渠,自洛阳西苑引谷、洛之水,出洛阳城东流至偃师,西入洛,再由板渚(今河南荥阳县西北汜水镇东30里)引黄河水东南流至盱眙县(今安徽盱眙县)北岸入淮。至唐代称为汴河。大业四年(608年),又凿永济渠,引沁水南通于黄河,北至涿郡(治蓟县,今北京城西南)。大业六年又开江南河,自京口(镇江)至余杭(今杭州)800余里。由于文、炀两帝的努力,江、淮、河、海四大水系沟通了。这条南北大运河的开凿成功,对中国社会经济产生长远影响。

三　漕粮运道的开通及维护

唐建都在长安,而当时的经济中心在江淮,要使整个国家机器得以正常运转,必须依靠江淮漕粮支撑。所以漕运对唐朝来说,是件关系到国家大计之事,而运河畅通与否,又是政府能否把东南财富运往长安的关键。为此,不断整理、开凿运道,成为唐代不能不大力讲求之事。尤其是高宗以后,政府规模日益扩大,用度亦日益浩繁,漕运的负担大大加重。太宗时,内外文武官员一共才642人,至高宗显庆初年(656年),一品以下九品以上的内外文武官员已增至13465人。此后,增加更厉害。太宗时期(627~649年),每年只由江淮经运河输入一二十万石米就已够用。至开元二十一年(733年),每年漕运数倍于前,尚不足以给,廪食匮乏。但运粮并非容易,江淮征收来的米首先运到洛阳含嘉仓,而后以车或驮陆运至陕州(今河南陕县),再由黄河入渭水,漕转长安。但由含嘉仓到陕州之间有300里陆路,这是重峦叠嶂曲折蜿蜒的羊肠小道,搬运艰难,有"用斗钱运斗米"的说法。为了改变这种艰难的运输局面,提高运输效率,高宗以后,遂对砥柱进行治理。显庆元年,苑西监褚朗曾调发6000余人在砥柱东侧凿石开山,打算修一条山路以通牛车,避开这段天险,但未能成功。后将作大匠杨务廉又凿三门山为栈道,以挽漕船。由于逆水行舟,加上粮船过重,挽夫多因绳断,落水而死,"人以为苦"。唐玄宗开元二十一年,裴耀卿主持漕事时,开十数里山路于三门(砥柱),又于砥柱东西各置一仓,作车船装卸之用。这条水陆相兼的漕道,谓之北运。此道开通后，三年间，运漕粮700万石，"省陆运佣钱三十万缗"。这条十数里长山路，终因受山洪、暴雨侵蚀，三年后废弃，从而又起用南路陆运。开元二十九年，陕郡太守李齐物从砥柱东侧开石凿沟，挖了条长"五里余，宽四五丈，深二三丈至五六丈"的渠道，又在砥柱巅上开凿一条挽道，以供拉纤。这条水道称为"开元新河"，或"天宝河"。这条渠道不久也淤塞而废。德宗贞元二年（786年），陕虢观察使李泌又从集津至三门（砥柱），"凿山开车道十八里"，开上路为空车四道，于是"遂罢南路陆运"。此后，该路为江南漕船漕转京师必经运道。

唐代政府在解决洛阳到潼关之间的黄河中段通道的同时，亦着手解决连接黄、淮二水中的中原运道。隋炀帝修通济渠，改变以前溯泗水、古汴水入黄河的漕运线，为经汴州（河南开封）、宋州（河南商丘）、埇桥（安徽宿州）、虹县（安徽泗县）到临淮（江苏盱眙北岸）流入通济渠，大大缩短了航程，贡献极大。但该渠渠水引自黄河，河水泥沙含量大，洪水与枯水期流量相差甚大，所以，河与渠接口的"梁公堰"极易淤塞。唐朝初年，每至初春就要征发附近州县人力，进行疏浚堰口，修整渠道。唐中宗时（705～709年），因维修不及时，至堰破，江淮漕运不通，只得用牛转运，致使"牛死十七八"。开元二年，唐玄宗令河南尹李杰调发汴、郑男劳力浚渠凿堰，渠成，分私以为利。开元十五年，堰口再次堵塞，将作大匠范安及又调拨河南汴、郑、滑、卫三万人疏旧渠，旬日告成。安史之乱发生后，汴渠八年得不到治理，致使泽无水，岸石崩坏，漕运极其艰难。这时，唐王朝赖以活命的江淮粮食，不能再由淮、汴、河、渭故道输送京师，须改溯汉水运抵商州，然后再陆运京师。由于运道艰涩，粮运困难，常常缓不济急，致使京师米价腾贵，军民乏食，宫厨断粮。就在这个危急关头，刘晏出掌漕政。刘上任后与第五琦一起"议开汴水"。他驱马陕郊，过河阴、巩、洛，涉荥郊，浚泽，"步步探讨"，经过实地考察和周密研究，又"疏浚汴水"，恢复了汴渠的运输能力。

连接淮河、长江和钱塘江三大水系的水运干线的山阳渎和江南运河也受到唐政府的极度重视。山阳渎和江南运河随着长江三角洲的向外推移和长江江面的逐渐变窄，河渠最容易被泥沙淤塞。唐朝初年，扬子江以南河道已不能行舟，漕船只好绕道瓜步（今江苏仪征县东），而后溯旧官河始能进入扬子斗门，不但多走了60里航程，而且风急浪高十分危险。开元二十六年，润州刺史齐瀚开伊娄河25里，于京口直趋渡江。于是"岁利百亿，舟不漂溺"。可惜这条新河至肃宗上元年间（760~761年）再次淤塞，江南漕船驶过长江后，只得"陆运至扬子"，始能上漕北运。刘晏主持漕政时，经过再次开凿疏浚，恢复沟通江北漕路。加上改进船米装卸方法，运费大大减少，由原来斗米费19钱，达到斗米费仅4钱，节省了15钱。德宗贞元四年（788年），淮南节度使杜亚又自江都（今扬州市）西循蜀冈（今扬州附近）之右，引陂趋城隅以通漕，在渠口还修了"爱敬陂水门"以调节水势,改变高邮湖附近"漕渠庳下,不能居水"的状况。宪宗元和(806~820年)中,节度使李吉甫又在高邮湖附近加高渠岸,并筑了富人、固本二湖,保证了山阳渎的水量。敬宗宝历二年(826年),盐铁转运使王播又于扬州南阊门西7里港处,向东开渠19里,取智寺桥通旧官河,由于开凿较深,漕运无阻,为后来漕运提供很大便利。

关于江南运河南端的治理,主要工程有数次:据《咸淳临安志》记载,唐时在钱塘江口修筑"长安闸",以防止水流失。肃宗时,刘晏修治丹扬湖(练湖),以解决江南运道北段水源不足问题。元和八年(813年),常州刺使孟简又在武进(今常州市)开旧渠40里,引长江水南注通漕,又于无锡南开泰伯渎,使东连丹湖。穆宗长庆元年(821年),引西湖水出杭州余杭门外,入运河,以增加水流量。由于这些运道得到有效治理,所以中唐以后,长安才能够得到江南粮食和布匹充分供应。但河北三镇割据后,该渠则失去漕运能力。

对关中渠道的治理,主要工程有两次。一次是唐玄宗天宝元年(742年),陕郡太守韦坚依据隋代关中渠道的旧迹,于渭水南边开凿一条与渭水平行的漕道。渠道西起禁苑(在长安宫城北)之西,引渭水东流,中间横断灞水和浐水,东至华阴永丰仓附近与渭水汇合。渠成后,又在长安望春楼下凿广运潭,以通漕舟。这样一来,原要在永丰仓和三门仓附近存贮的米,就可以用船一直运往长安，不必像以前那样用车挽运。关中运道的改善，有助于运输量增加。据《旧唐书》等记载，天宝三年（744年），由山东运至长安粮食多达400万石。后来，这条渠道因受灞、浐二水盛夏暴涨侵蚀、冲击，致使堤破渠塞，及至代宗大历（766～779年）后，遂不再行舟。到文宗大和（827～835年）初年，咸阳令韩辽又于咸阳和潼关之间，开凿了一条长达300里的兴成渠，此后，关中漕运必经此道。

由于唐王朝比前代更多仰赖于漕运，因此运道畅通或阻塞，对唐王朝盛衰、强弱有密不可分的关系，运道畅通则国力强盛，经济繁荣，运道阻塞则国力衰落，经济衰退。到藩镇割据后，运道受阻，唐室也就走向衰微。

唐王朝灭亡后，燃遍全国的战火逐渐平息下来，但却留下战争的创伤。土地荒芜，河渠湮塞，堤堰倾圮，国家四分五裂，这个时期是个动荡不安的年代。因此，漕运事业无从谈起。

宋代对漕粮运道的治理

运河自唐末溃决后，便淤塞而不宜通航了。这种情况一直延续到五代末周世宗时期（954～958年），才开始发生变化。周世宗仅仅在短短的五六年间，取得了秦陇，平定了淮右，收复了三关（均在今河北省），差不多削平了当时的主要藩镇势力，为宋代统一事业奠定了基础。在征战的同时，周世宗又着手恢复漕粮运道。《宋史》称：显德二年（955年），派遣行德率其所部丁壮，于汴渠旧堤进行疏浚，经治理后，运河东可以达于泗水。显德五年三月，又疏浚汴口，于是江淮舟楫始通。显德六年，世宗又命于运河口设立水闸，控制水量。又征集数万劳力，开凿、疏浚汴河数百里。当宋太祖平定各地后，就把江南的经济中心与北方的政治、军事中心连接在一起了。

北宋建国后，首都设在汴京（今开封）。宋太祖为什么把首都设在汴京呢？长安、洛阳地势险要，是建都的理想选择地，尤其是洛阳是宋太祖出生地，更是他建都的目标。但是，长安、洛阳漕运困难较多。而汴京的优势是交通十分方便，汴河、黄河、惠民河、广济河都流经此地，对漕运十分有利。它虽是地处平原，四周没有屏障，但它与经济中心区联系紧密。地形因素与经济因素相比较，宋太祖选择了后者。

漕运对北宋政府来说，比以前几代王朝更为重要，这是因为宋太祖实行了强干弱枝政策。宋太祖建国后，吸取了唐末五代藩镇割据的教训，把藩镇手中的兵权夺回，聚兵于京师。大量军队驻扎在京师，给京师的粮食供应造成巨大的压力。除对军队供给外，还有皇室、官吏、百姓的供给。由于当地无法供给如此大量粮食，京师粮食供给主要依赖于漕运，尤其是汴河运道的输送。当时北宋政府规定：运往京师粮食年运量为722万石，由汴河运送到京师为600万石，占总额的83%。

由于汴河运道是北宋政府的生命线，因此，北宋政府对汴河治理十分关注。历届政府对于汴河无不勤加疏浚、修整，或修建支渠，以改善水道，或疏浚干渠，使其畅通。据嘉祐二年（1057年）三司使张方平说，天圣（1023年）以前，每岁都进行开凿修整，沿河的设备齐全，未曾出现过湮塞情况。英宗时（1064～1067年），河渠司杨佐修整汴河道外，还修治孟阳河，改善了漕运。熙宁四年（1071年），江淮等路发运副使皮公弼开洪泽河60里，以避淮河风涛之险，改善了汴河下游水道。熙宁六年，开白沟河是改革汴河漕运的一项巨大工程，分三年兴修，河长800里。熙宁八年，修丁字河，引汴水入蔡河，沟通汴河与蔡河以通漕运。元丰二年（1079年），东头供奉官宋用臣奉命引洛水济汴河。用臣于任村谷口至汴口开河50里，引伊洛水入汴，每20里置闸一座，以制水流湍急之势，取水深一丈，以通漕运。又引古索河为源，注入房家、黄家孟王陂及三十陂，高仰处蓄水为塘，以备洛水不足时，放水入河。又自汜水关北开河五百步引水入黄河，上下置闸，启闭以通黄汴二河船筏，即洛河旧口置水达通黄河，以泄伊洛暴涨之水。古索河等暴涨时，即以魏、荥泽、孔固三斗门排出。引洛济汴总共用工90.7万多。这两项工程一是引黄河水入汴，一是引洛水入汴，以提高汴河水位，有利漕运。这是神宗初年两项大工程。此外，在汴河流域修渠引闵水与蔡水合，以通达京师，南边经陈（今河南淮阳）、颍（今阜阳），到达寿春（今安徽寿县），通淮右漕船。建隆二年（961年），五丈河淤塞，不能行舟，右监门卫将军陈承昭于京城之西，夹汴河造斗门，自荥阳凿渠百余里，引京、索二水通城壕入斗门，东汇于五丈河，便利了东北方向漕运。元丰七年，都大提举汴河堤岸司建议修治广济河等。

淮河南接长江，北连汴河南段，对保证淮河安流，贯通漕运全程具有十分重要意义，为此，宋朝中央政府及地方政府，对修整施导淮水十分注意。雍熙元年（984年）乔维岳开故沙湖，自末口至淮阴磨盘口，长40里。又原建安北至淮澨设有五堰，漕船重载者不能过，维岳创二斗门于西河第三堰，二门相距50步，复从夏屋设悬门蓄水，等到与故沙湖平时，将水门开放，从而漕船往来无滞留之苦。此外，又开了扬州古河，楚州运河，浚泰州、海安、如皋漕河，开龟山（今山东新汶县东南一带）运河，开治洪泽河，开楚州沿淮支氏渠。到北宋末年时，又彻底疏浚两浙运河，并开丹阳运河，但至徽宗朝时，由于政治腐败，漕政良法多被废止，使漕政大坏，致使东南粮食运入京师数量大大减少，太仓因之匮乏，这实际上动摇了宋帝国的立国根基。

金人渡河，东京失守，漕运断绝，汴河亦因无人管理、整治，堤岸崩塌，汴流湮塞。

进入南宋后，不再运东南粮食到东京，汴河漕运全部停止，运河暂时结束了自己的历史使命。南宋建都杭州，江河辐辏，交通十分方便，这个偏安的王朝版图主要在大江以南，这时漕运的范围，不出两浙、江西、荆湖等地。由于江南为产米之区，粮食随处可得，无须由外地转运，在绍兴（1131～1162年）初，漕运实际上已经停止。

⑥ 元代对海上运道的开拓以及对运河的整治

元代政府一改过去建都于长安、洛阳或开封的做法，于1264年迁都燕京（今北京）。元政府建都北京，改变了东西向的漕运路线，形成南北漕运路线的新格局。

中国南北经济发展不平衡的情况由来已久，南北朝后，南方经济逐渐在发展，至唐以后，南方经济逐渐超过北方。在12世纪南宋和金对峙时期，很多北方劳动人民南迁，不但增加了南方的劳动力，同时也带来了北方先进农业技术，促使了南方加快开发。相反，北方在金朝统治下，生产却遭受到长期破坏，尤其蒙古军灭金以后，大规模掳掠北方的人口、牲畜和财物，以征南宋。所以，北方经济基础受到很大耗损，从而很难得到恢复，大都的粮食，不得不仰给于江南。沟通南北水上运输，把北方政治中心与江南经济中心联结起来，就显得既紧迫又重要。

元初，为了打通河漕运道，政府做了很大努力。至元十九年（1282年），元政府组织人力开凿济州河，以代替中滦—淇门—御河的水陆联运线，使北上船只自淮入黄，沿泗水至济州，再由清河从利津口出海，经渤海至直沽入京师。这条海、河联运线后因出海口淤积而废弃。至元二十六年，元政府又开凿了会通河。该河南起须城县（今东平县）安山的西南，经寿张县西北到东昌县（今聊城县），再往西北到临清，全长290余里，经过6个月施工，开凿成功。第二年后，又加工修筑堤岸闸坝，直到泰定二年（1325年）才告完成。前后共经37年修成的会通河，使汶河和御河（今卫河）相连，漕运更加便利，但因济州河（今山东济宁一带）漕渠经常淤塞，漕船不能畅通无阻，它的漕运能力得不到发挥。至元二十九年，在都水监郭守敬主持下，开凿了通惠河。河道从昌平县白浮村引神山泉，西折南转，过双塔、榆河、一亩、玉泉诸水，到大都和义门（今西直门）北入城，南汇为积水潭，东南出文明门（今崇文门），东经通州高丽庄，流入运河，总长164里有余，共费工285万。该河开通，改变了以前通州到大都城内50里，必经牛车人夫等陆运的情况，从而使南方船只不必在通州卸载，可直接通达大都城内。通惠河开凿成功，为元代河、海联运作出贡献。

　　元代运河漕运，由于水源不足，河狭水浅，不能胜任重载漕船顺利通航，从而没有得到很多发展。元代的漕运只好取道于海上。因此，元政府很重视开拓海上航线。

　　至元十七年，胶莱人姚演建议开凿胶莱运河，目的在于缩短海上航程，避免绕道山东半岛成山角的风险，路线自山东胶州（今胶西县陈村海口）开凿一条新运道，向西北与胶河相接，经胶河自海仓出莱州湾，全长300余里。次年，都元帅阿八赤率兵万人开凿运河，寒暑不停工。至元十九年，建成试航，后因技术问题而废弃。至元二十年，海上总管朱清、张瑄奉命开拓全海运输线。他们带领船只60艘，载粮4.6万石，从刘家港出长江北口，经海门县附近的黄沙头，万里长滩入海。向北沿海岸而行，经盐城县，再北历东海县、密州、胶州界，过灵山洋，转向东北，多有浅沙，行月余至成山角。然后西通渤海南部，到界河口（即海河口）至杨村而大都，头尾行程13350里，历时半年。这一航线离岸较近，沿山求屿，沙滩较多，且受南下寒流影响，故多危险而不利北行。至元二十九年，朱清以旧航道多险情，建议另辟新道。由刘家港出长江南口，自万里长滩附近直入大洋，先得西南风到清水洋，过黑水洋至成山，再经渤海西部的刘家岛、芝罘岛、沙门岛，从莱州大洋而抵界河口。这条航线虽然缩短航行时间，也避开了近海沙滩，不过还是离海岸不远，不能充分利用信风与黑潮的助力。至元三十年，殷明略又开拓了新航道。即从刘家港到崇明州附近直向东行，进入黑水洋，向北直趋成山，再转而西，经渤海南部而抵界河口。这条航线不但避免了近海沙滩，而且完全可以利用信风和黑潮的作用，只要按时出发，十天左右便可由刘家港到达天津。这条航线开拓成功，奠定了元代漕运的格局。由海道运往京师粮食，岁达360万石。《海道经》赞誉说，该航道"甚为易便"。但当时海上航行的情况，依然是"风涛不测，粮船漂溺者，无岁无之"。

7 明代对运河的开凿及其对原有运道的整治

明代初期,为了支援太祖北伐,以及供给北平、辽东的军饷,曾经从海上运粮到北方。至洪武三十年(1397年),因辽东军饷已经富足有余,不再由海上运粮到辽。永乐四年(1406年),实行"海陆兼运",一方面,江南粮食由海路运到天津。另一方面,江南粮食由淮运入黄河至阳武(今河南原阳县东南),而后由陆运至卫辉,由卫河入白河至通州。明成祖迁都北京后,政治中心北移,加上数次用兵塞外,军饷及供给京师粮食,岁需300万石以上。但明代海运额,每岁不过百万石,缺额200万石以上,远不能满足京师及军饷需求,更加上海运"经历险阻,每岁船辄损败",粮食损失高达18.5%,损耗太大。水陆联运,由于陆路长达170里,常用民工需24000人,运粮车需1600辆,不仅运费高,损失大,民夫苦累,而且还不能如期到达。这种局面逼使明政府放弃海运,放弃"水陆接运"办法,而另寻新招。

由于海运和水陆接运都存在较多问题,解决不了京师缺粮问题,因此打通河运又被提到日程上来。永乐九年,济宁州同知潘叔正建议疏浚会通河故道。成祖接纳这一意见,并派工部尚书宋礼负责该项工程。宋礼由济宁到临清,共疏浚385里。整个工程用工30万,历时百天。宋礼采纳汶上老人白英意见,在宁阳东北建筑堨城坝，杜绝汶水入洸之路，使水流全部流至汶上的南旺。南旺地势最高，汶水由这里分流，其中十分之六的水北至临清流入卫水，还有四分水则南过济宁入泗水。同年七月，宋礼又召集10万民工，整治黄河故道。这次工程是堵住黄河从封丘向东北流的决口，约束河水流出金龙口（后来叫荆隆口），向东南流，经过鱼台的塌场（即元代贾鲁河的故道），黄水被用来接济昭阳等湖的水源。这样，由塌场口至徐州的一段又可利用黄河的水流了。永乐十三年后，平江伯陈瑄又着手陆续清理整治运河中有阻碍通航的运道。如淮安北是运河和淮河汇合口，诸坝阻碍漕舟运行，于是，他就在淮安城西管家湖凿渠通鸭陈口，由此入淮水，免去漕舟越坝困难；又在徐州附近另外开凿了一条40里长渠，蓄水通漕，以避吕梁之险；因高邮湖中风急浪高，漕船常有漂溺之险，他于是在湖滨筑起一条长堤，又在堤下凿渠40里，使运河和高邮湖分开，从而漕船不再受湖上风涛威胁；他还在泰州开凿白塔河，使运河通流长江的航道，不仅限于扬州一处。经过宋礼和陈瑄的努力，东南的漕船可以顺利地、安全地北上，保证了漕粮每年运额达到400万石。但好景不长，英宗正统十三年（1448年），黄河决口，冲毁了会通河。这一年，黄河在荥阳附近决口，东北过漕濮，沿着旧汊河而下，冲至张秋，溃决沙湾，运道大坏。运道不通，京师则粮断，动摇其根本。当时朝野上下都把注意力集中到张秋沙湾一带，反而把荥阳决口放在一边了。张秋附近的运河浚好又塞，堵好又决，直到孝宗弘治七年（1494年），才完全成功，前后差不多花去50年时间。在会通河遭厄运的同时，徐州以南的运河因借用一段黄河水道，其害就更加频繁，上游稍有决口，这里就受到影响，如果是黄河改道，这里就立刻阻塞。永乐十四年，黄河由开封决口，东南夺涡水至怀远入淮，仅余一小股仍自徐州东行，但东行的水势一年不如一年。至宣德六年（1431年），御史白圭请浚金龙口以下的河道，引河水至徐州以通运道。正统十三年（1448年），荥阳决口，徐州的黄河故道又淤塞了。这次决口，不久就被堵住，但以后的灾患仍不断发生。弘治时，治张秋决口，为根本避免会通河受黄河侵扰，就把旧汊河给堵了。旧汊河堵了以后，徐州附近运河面临改道问题。嘉靖七年（1528年），当时河总盛应期于昭阳湖东开凿一条新河，自湖东江家口南经夏镇，至沛县留城口合于故河，河长140里，但这次改道未成，中途而止。30年后，到了嘉靖四十五年，尚书朱衡才重理旧迹，再度开凿，漕道因此暂得无事。隆庆三年（1569年），黄河在沛县决口，运道淤塞，漕船阻于邳州（今江苏邳县）不能进。翁大立请开泇口河以通运道，但无成。万历三年（1575年），河道总督傅希挚复请开凿泇河，但也没实现。至万历二十年，河道总督舒应龙才在韩庄（今山东峄县西南60里），开渠以泄湖水，泇河上游和运河沟通。直到万历三十二年后，河道总督李化龙由沛县夏镇李农口引水合彭河，经过韩庄湖口，再合泇沂诸水，出邳州直通河口，河渠长260余里，这是徐州以南运道的第二次改道。经这次改道后，新河远离徐州附近的黄河，省去因黄河决口淤塞而带来的许多麻烦。这是明代漕运的一大工程。天启五年（1625年），漕储参政朱国盛又由邳州直河口东岸的马颊口起，至宿迁的骆马湖口止，开一条全长57里的通济新河，上属泇河，下达黄河，以避刘口磨儿庄直口之险。第二年，总河李从心又在骆马湖附近开了条十里新河，由陈沟入黄河。直至明末，这段运道没有出现过大的危险。

明代黄河不但侵扰会通河和徐州附近运河，也影响江淮之间的南河。受影响最大的地方一为淮安附近的运口，一为洪泽湖东的高家堰。黄河南徙后，其入淮之口，又和运河相当，然黄河水流湍急，水面亦高，时常会冲入运口，使运道淤塞。对此，永乐年间，陈瑄已凿过新渠，万历十年，督漕尚书凌云翼以运口多险，又另凿长达45里的永济河，由清江浦南窑湾起，经龙江闸至杨家沟，出武家墩东入淮水，这条运道较前平稳。洪泽湖东的高家堰，原来是用以保护湖东的高邮、宝应等地。黄河夺淮入海后，淮水不能畅流，蓄于洪泽湖中，洪泽湖不断扩大，高家堰成了危险地段。为保护高家堰安全，平日开闸放水，这样一来，运道中的诸湖水面扩大，随之又产生了筑堤、避风、防洪等问题。为了避风，陈瑄在高邮湖旁开凿了月河。弘治二年，户部侍郎白昂又开康济河，长达40里。万历十三年，总漕御史李世达开宝应月河，以避氾光湖之险，河长1700余丈。万历二十八年，河道总督刘东星又开邵伯月河 18 里,界首月河 1800 余丈。这样江淮之间的南河才摆脱了沿途湖泊的束缚,而成南北直达的水道。

嘉靖六年前,由东南运来的漕粮,至通州(今通县)以西则改用车运。成化正德间,通惠河虽然整理过几次,由于用工不多,成效很小。直到嘉靖六年,御史吴仲才大加整治,长期淤塞的通惠河才获新生,漕船可由通州直达京师。

由于明代历届政府重视对漕运运道的整治施浚,运往京师的粮食得以比较顺利进行。

8 清代对漕粮运道的整治及废弃

清人与前明一样,国都设在北京,京师的给养还是依靠江南,因此运道的畅通对清政府来说是至关紧要的大事。当时官员徐越在《敬陈淮黄疏浚之宜疏》中说:"国家大事在漕,漕运之务在河。"清圣祖玄烨亦说:"河道关系漕运,甚为紧要。"因此,清王朝对运道勤加修治,务使畅通。

清代对运河的修治,有定期挑浚,有临时兴修。定期挑浚有大修和小修,小修一般一年一修,大修一般隔一年或数年一修。定期挑浚,如大通桥至通州一段,定十年施浚一次;江南徒阳运河一年小挑,六年大挑。挑浚日期,山东境内运河,康熙年间定每年十一月十五日开工,正月二十日开坝。江南徒阳河,则定于江浙漕船回空之后挑浚。其他各段运河之挑浚,则看漕船通过日期和雨水季节而定。

临时兴修多在运道发生梗阻故障之时，工程一般比定期挑修为大。如顺治八年（1651年），招募民夫大挑运河；康熙五年（1666年），修浚仪真至淮河淤浅运道；康熙十七年大挑淮南运河；康熙二十年，挑修淮阳运道300余里。其他如山东省菏泽县的顺城河，武城县的冉家河，单县的涞河、嘉河，巨野县之蔡河，金乡县的金乡河，济宁州的硕儿河，乾隆年间都曾令各县签派民夫挑浚。道光年间，运道梗阻，挑修尤为频繁。

清政府在施浚运道同时，还开凿新运河。顺治十五年（1658年），董口淤塞，河道总督朱之锡于石碑口以南开新运道250丈。康熙十八年，开凿永安河。从前由于黄河水倒灌和洪泽湖水泄入，造成江淮之间水流过急，航运不便。纤夫七八百或至千人，一天努力，出口船不过二三十艘。永安河开通后，漕船在此航行，既无漂溺危险，又不必使用纤夫，扬帆北上，如历坦途。康熙二十年，开皂河，上接洳河，移运口于张庄。康熙二十五年，河道总督靳辅开中河180里。从前由清河口到宿迁张庄运口100余里，运船溯黄河上驶，雇农夫牵挽，每天仅能航行数里，花费极大，船只还容易漂没。自中河开成，粮船出口渡黄河后，进仲庄闸北上，不仅避免了黄河风涛之险，且行速快费用小，从此"中河内商贾船行不绝"。此后河道总督于成龙又开新中河。康熙三十九年，河道总督张鹏翮以新中河浅狭，且盛家道口河头弯曲，挽运不顺，改定中河以三义坝为断,三义坝以上仍用旧河,三义坝以下至仲庄闸,旧河浅窄,于三义坝筑拦河堤一道,截旧中河入新中河,即将旧中河的上段与新中河的下段合而为一。在河两端建立石闸,按时启闭,又于两岸筑河堤一万多丈,该河告成,运道称便。此外,清代还开凿了几条引河。如康熙四十年,开清江浦引河;康熙四十五年,开杨家庙至马湖的引河14800丈;雍正五年(1727年),开凿金铁岭引河二道;乾隆二十八年(1763年),开临清引河五道。开凿引河目的,或引他水济运,或宣泄运河盛涨的水,或加强运河水势以敌黄河之水使之不倒灌。

  运河是一条人工河。运河水源,主要利用沿运道的河水、湖水和泉水。所利用的河水,在北直隶有发源于昌平八达岭的温榆河,流至通州入白河济运;又大清、永定、子牙诸河,流到天津注入运河济运。由山东临清至天津一段,则以发源于河南辉县苏门山百门泉的卫河为主,将发源于山西上党县的漳水流经馆陶县境导入卫河济运。由临清到鱼台的会通河则借用汶、泗、沂、济诸河的水。汶、泗、沂诸河则赖引泉水济运。济河发源于河南滑县和开州,流至寿张导入运河济运。淮阴以南淮安、扬州两府运道,则西受豫皖和诸湖的水。至江都县境,运河西岸有小新塘、雷塘诸水注入济运。江南镇江运河,系凿山通道,引用长江水济运。浙江运河,则引发源于天目山的河水济运。因此,通过开凿新河及疏导水源,加强运河的水势,对挽运漕粮是很有好处的。

为了维持运道，国家对潴蓄湖水和疏导泉水工作极为重视。沿运河湖泊繁多，是运河的重要水柜。为调节运道水量，对水的潴蓄极为重要。山东的江北数百里运道，湖泊是主要水源，诸湖的修筑便成为一项重要政务。会通、新、泇等河段湖泊最多。沿会通河有六个湖：一是南旺湖，在运河西岸，周围93里，围以长堤，设置斗门，收蓄汶河之水，设闸放水济运。二是马踏湖，在汶水北岸，上自徐建口、李家口收水入湖，由新河头宏、仁桥二闸放水济运。三是蜀山湖，在汶水南岸，周围65里，筑堤20里，上有永定、永安、永泰三闸收水入湖，由金线、利运二闸放水济运。四是马场湖，在济宁州境，周围40里，收蓄府、洸之水，漕船到境，由十里、安居二斗门放水济运。五是独山湖，在鱼台县运河东岸，收邹、滕沙河及鱼台各泉之水，水口筑堤19处，每遇伏秋水，开坝蓄水；春秋水小，放水济运。六是昭阳湖，跨鱼台、沛两县境，在运河西岸，上收菏泽、城武、单县、定陶、巨野、嘉祥、济宁、金乡等9州县陂水及滕县泉水。会通河水源微弱，全赖诸湖之潴蓄。至新、泇二河，以微山湖为水柜，该湖跨滕、峄两县，在运河西岸周围180里，隶江南者十之七，隶山东者十之三，凡是汶、泗溢出的水皆入此湖，经徐、沛入运；邳、宿二县运道的通畅或滞留，就看该湖水蓄量的多少而定。此湖又分郗山、吕孟、张庄、韩庄等湖，名称虽然不同，中间并无限隔。以上诸湖，秋后关闸不使外溢，入春开闸以济漕运，会、新、泇诸河之水，因之源源不缺。

沿官河湖泊，以洪泽湖为主，在运河之西的周围数百里，沿湖东岸筑高家堰石堤，长138里，高2.3~2.5丈，底宽13~14丈，顶宽8.4丈；又临湖镶柴堤高10余丈，宽0.8丈。此堤作用，一是掩护淮、扬低地，使免受泛滥的灾害，同时约束淮水使速出清口，以抵黄河之水，不使南灌运道。于清口筑大墩一座，导清水七分敌黄，三分济运。

洪泽湖以南，运河水源充足，这里湖泊对运河的作用与前者不同，注水济运的功能小，泄涨的作用大。如淮安、宝应间东岸的射阳湖和广阳湖，宝应县运河西岸的宝应湖，湖面都比运河水位低，相差数尺至数十尺不等，只能接受运河的泄水。再南有高邮湖，湖在运河的西岸，湖水和运河水面高低大致持平，在雨少季节有济运作用。再南有北湖，在甘泉县境运河西岸，内分邵伯、黄子、赤岸、朱家、白茆、新城六湖，由湖入运有13个口，运河水涸则引湖水济运。甘泉县邵伯镇运河东岸有渌洋、䓖塞、艾陵等湖，以渌洋最大，运河水大则泄水入湖。江南运河段，则有丹阳县境的练湖、造湖闸四座，蓄水济运。有"湖水放一寸，运河增一尺"之谚。

关于利用泉水济运，在山东省最为重要。泉水主要有四大派，一是"分水派"，凡出于汶上、东平、平阴、肥城、泰安、莱芜、新泰和蒙阴西宁阳北诸泉属此，共有214泉，汇流至南旺分水口入河济运。二是"天井派"，凡出于滋阳、曲阜、泗水和宁阳南诸泉属之，共110泉，分注沂、洸、济、泗诸水，至会源闸入河济运。三是"鲁桥派",凡出于邹、滕、济宁、鱼台和峄县西诸泉属之,分别于鲁桥闸左右入河济运。四是"新河派",凡滕、峄二县东入泇河的泉水和徐、沛二州县由张庄等八闸入河济运的9泉属之。以上四派泉水中,前三派最关紧要,是会通河的主要水源。清政府对泉水的管理疏浚极为重视,设有管泉专官。凡有泉眼可开之处,由泉官选择地形,督民夫开浚,并于有水泉处所栽植树木,加以保护。

以上这些措施,对保证运道的畅通,对漕船挽运起着十分重要的作用。

清代黄、淮、运三河交汇于清口上下数里间,工程最为浩繁,为清代治理黄淮沟通运道的重点。自康熙朝靳辅主持河政以后,治理黄淮,采用蓄清敌黄、引清刷黄法。在清口地区,力使淮水畅流,借以刷黄,减轻淤沙,黄河也可以顺畅,这是治理黄淮以通漕运的关键。运道经过清口,既虑黄水湍急,更怕携带泥沙淤积南北运口,所以南运口以水势南流更为重要。当时采取的办法主要是使运道避过黄水,引淮河水流入里运河,既为淮水找一支出路,又不致淤塞断航。国家为此进行了艰巨的工程。

为使漕船在清口顺利渡黄所采行的措施,一是使南北运口尽量接近,即使运道横渡黄河的距离尽量缩短,其法是在运口建筑控制闸坝,抵御黄水入侵;开河建坝引淮水入里运河,保运道;二是防止黄水侵入洪泽湖,致淤堵淮水,为此作了挑黄、御黄、逼黄使黄河水远离湖口等建筑物,并修筑了许多引清水外出的引河和逼清畅流的堤坝，还修筑了束清加大流量的河道。但以上这种种措施只能收效于一时，并非长久之计。乾嘉以后，黄水日淤，清口淤高。黄河水位既行淤高，就会向南倒灌南运口，向西倒灌湖口，致使淮水不能出，运口不能开。道光年间，为使漕船便于航行，于西筑御黄坝拦断黄河，于南侧利用"灌塘济运"法。

为保持清口运道，当时官府先后修建三大工程：一是逼黄引淮工程。先是明代潘季驯修建高家堰。清代防黄水淤积倒灌，更经常增坝。康熙十五年，于湖口内开烂泥浅等四条引河，引湖水外出；又修湖口大墩，逼清水二分济运，八分敌黄。康熙中叶后，墩岸修建日高。经康熙历雍正至乾隆朝，约百年间，为引清逼黄，河工一再修筑，工程巨大，用费浩繁。如乾隆初年，修黄河南缕堤，筑砖至2000余丈。嘉庆初，清口淤积严重，常开苏北黄河南岸减水闸坝，减黄助清，并借黄济运。先是乾隆中束清御黄两坝常夏启冬闭以蓄清刷黄，嘉庆时以黄河河床淤高，不再能收蓄清刷黄之效，于是改为秋启夏闭，仅用以济运。二是南运口改建工程。为济漕运，南运口不断改建。明代在清江原设五闸，清初只剩天妃、福兴两闸。俟后黄河倒灌淤塞，当水多之时，闸外水常高4~5尺至6~7尺，运船出口困难，有如登天。每渡一船需千人牵拉，水急时一昼夜仅能出船7~8只。为便利漕运，康熙时靳辅进行改建，把运口向南移3~4里，在运口建太平闸，闸内挑修两河，交替使用。此后一再改建。乾隆二年，运口向南移75丈，口内建束水草坝三道，各留金门4丈；又因旧河下段与黄河仅隔一土堤，有被冲决危险，乃开正河及月渠1000丈。新河内增建通济及福兴正越4闸。起初新河与旧河并行，至乾隆三十六年，停走旧河，筑坝拦断。此后新河使用100余年没多大变动，仅于道光五年（1825年），在口内增一箝口草坝。至是，其余运口旧闸坝俱废而不用。南运口内有一通济闸，由嘉庆末至道光中通济闸上下水位之差常在3尺以上；惠济闸初亦相同，后降一尺余。载重漕船向上拉挽出口，每船每闸需绞关20～60部，缠绳用至数十至200条，人夫用至300～900名。三是灌塘济运工程。道光四年（1824年），高家堰决口，洪泽湖积水泄空，道光五年春乃改行引黄济运法。其法是：二月开御卫坝，黄水入运南流；黄水携带大量沙泥，由是里运河各段及出江各河均淤。五月堵闭御黄坝，开引湖水，而湖水过小。是时运河淤垫高至十余尺，严重影响清江以南运道，自清江至高邮，粮船常陷泥淖中。于是在河道中筑临时坝6道，积蓄湖水行船。但湖水不足，乃车水入坝中，并改从高邮驳运。漕船盘坝接运，用费极大，且为时过久，最后改为倒灌运法，工程浩大。道光六年七月，试行戽水通重运漕船，即于运口头坝以东筑拦水大坝（拦清坝），又将黄钳口坝改建草闸，形成可容船千只的内塘（塘河）。用水车车水入塘，水高于黄河一尺即启草闸放船入黄。次年不再戽水，改为开拦黄堰闸，引黄水入塘。道光十年，以塘河内船只过多，又增开一河，名为替河，与正河轮流灌放。又于塘间东岸建泄水涵洞,降低塘水,形成清黄水位差,启拦黄草闸时可以冲刷淤泥;又于草闸东侧建平水涵洞,可以引黄抬高塘水。道光十五年,又于替河外加挑新河一道,轮换行船。自道光五年后每塘止灌船400~500只,10年后可灌船1200~1300只,这种办法持续使用近30年,至咸丰五年(1855年),黄河北徙,中运河水可直通里运河,塘河遂废。

运河经过几个省份,除江南一段外,各个地区多高低不平,地势悬殊。由通州至天津的白河系由高而低,由天津到临清的卫河海拔逐渐增高,但倾斜不大。由临清至鱼台南阳的会通河,中经南旺,海拔较高,河水即由此南北分流。由鱼台而南经新、泇、皂、中、官诸河,愈南而愈低。江南运河所经之地,地势大致持平而北部稍高,但倾斜度极小。

运河地位高低决定了水的流向。长江北大致可以分成三段:通州到天津为一段,水流由西北而东南向;天津到山东南旺为一段,水流由南而北向;南旺到江北为一段,水流由北而南向。因运河所经地势高低过于悬殊,加上有些地区水源不足,为了解决这一困难,除整治运河水源外,逐段建设闸坝是另一条出路。

闸的作用是保持运河的水量。在山地、丘陵地及高阜地带,相度地势,随处建闸,控制水流,使积水不致宣泄。如南旺一带,南比台庄高160尺,北比临清高90尺,所以由台庄至临清建闸最多,总共不下50余处。每闸相距十里至数十里不等。为便于漕船运行,闸河蓄水皆有规定，水深一般以4尺为度，但南旺一段则以7~8尺为度。闸的启、闭有定制。如漕船由上而下，则先关闭下闸，再开启上闸，放水使上下闸厢间水位相平，然后挽渡。如自下而上，则先开启上闸，放水使上下闸厢间水位相平，挽船上渡，然后关闭下闸，开启上闸。如此节节灌输济运。闸的第二种作用是调节水流。如于沂、泗二水，在兖州建筑闸洞（即泄水涵洞），夏秋水涨，启闸使南流出师仲闸；冬秋水小，则闭闸遏水入城，出济宁天井闸。又如南旺地势最高，向有水脊之称，汶水至此南北分流。起初汶水北流至临清境者占水流量的60%，南流至济宁境者占水流量40%。后北高而南低，南流水量增至70%，北流水量则减至30%。水量的分配即借闸板的启闭调节。如水势过大，有冲决河堤的危险，则筑坝以资宣泄。如德州恩县流水坝，导水入老黄河以归海；清平县田家口滚水坝，泄水以入马颊河；聊城县龙湾滚水坝，泄水以入徒骇河；寿张八里庙滚水坝，泄水以入大清水；泇河由黄村庄至窑湾一段的猫儿窝，万庄窑湾各坝，泄水以入骆马湖；桃源箝口坝，泄水以入盐河等。

嘉庆（1796~1820年）以后，沟通南北的大运河，因河政废弛，年久失修而到处淤塞，一是黄淮运交汇处的淤塞，一是由淮安至山东临清运道的阻塞。

运河横渡黄河是一个关键问题。咸丰五年以前，黄河是经由淮安东流入海，运河与黄河在此交汇成X形状。淮安以南称南运道，淮安以北称北运道。北上漕船渡黄河后然后入北运道。黄河含有大量泥沙，至苏北流缓沙淤，影响运道。国家为维护运道，于洪泽湖畔高筑堤岸，提高水位，待春夏湖水盛涨，启坝放水，用以冲刷黄河淤沙。为此必须保持洪泽湖水位高过黄河。乾隆（1736～1795年）以前，洪泽湖水位一般比黄河高过7～8尺，甚至10尺以上，黄河于是无淤塞之患。嘉庆以后，黄河失修，水流迟缓，河身淤积日高。嘉庆九年（1804年），黄河流水一度倒灌洪泽湖。嘉庆二十一年，清政府下令对黄河大挑修，洪泽湖水位相对上升，但才比黄河水位高出二尺有余，已丧失刷黄的功能。道光年间（1821～1850年），黄河淤淀更加严重，河水高过湖水变成正常状态，黄水反向湖中倒灌，湖底日益淤高。清政府为防止湖水溢出冲毁运道，在湖东岸高筑湖堤，这是有名的高家堰。但这时运道畅通情形已大不如前。道光四年（1824年），高家堰大堤溃决，冲毁运道，运河水量激增，漕船挽运十分困难，大学士孙玉庭、两江总督魏元煜倡议"借黄济运"，即引用黄河的水灌注运河。引黄济运的后果是运河河床淤淀日高，如淮阴一带河床，道光六年时比道光元年时高出15尺，漕船渡黄十分困难。由于河床的变化，由嘉庆至道光数十年间，黄河时常溃决，直至咸丰五年，黄河北徙，河决之患才渐为减少。

关于淮安北至临清1100里的运道，经过的地区先由低而高，再由高而低，其高埠地带或造山通道，或借助山泉之水，有时还截堵农民用以溉田的水，尤其气候干旱时，即淤浅难行。这种情况至道光年间益形严重，以致重运船只在中途浅阻，回空船则在北方

"守冻"过冬。咸丰三年（1853年）后，由于战争关系，漕运停顿。咸丰五年，黄河北徙后，山东北部运道也遭受破坏。同治年间（1862～1874年），山东恢复漕运，由于河水微弱，须到处起剥，漕船磨河床而行，多靠人工牵挽。同治九年（1870年），由八里庙到临清一段河水干涸，只好靠民车陆运。

总之，沟通南北的大运河日益梗阻，清廷为解决京师食粮问题，不能不从开展海运方面着手了。

关于海运问题，元代即已施行，明代初期也曾经施行，明隆庆年间（1567～1572年）因徐邳一带河道淤阻，部分漕粮也一度改行海运。清初，因台湾问题，海禁极严，甚至有迁海之举。康熙（1662～1722年）以后，海上交通逐渐恢复，江浙以南沿海有闽广商船往来，江浙以北则有沙船往返天津、奉天。道光年间（1821～1850年）海运更加频繁。在河道梗阻的情况下，海运是最佳选择。

这时实行海运，条件已经完全具备。一是运道熟悉。关于海运运道，据道光五年，江苏巡抚陶澍奏报共分六段：自上海黄浦至十洚为第一段，有230里；自十洚至余山为第二段，有180里；自余山至海州赣榆县鹰游门为第三段，有1500～1600里；自鹰游门至山东荣成县的石岛为第四段，有600里；石岛至蓬莱县的庙岛为第五段，有900余里；自庙岛至天津东关为第六段，有1080里。全程共计4000余里。这条航线比元、明时代的航线要便捷得多。二是商船往返频繁。由于新航线的发现，江浙商人往返天津、奉天习以为常,沙船只数日增。由于航道熟悉,过去所虑风涛漂没等危险已不成问题,如齐颜愧所说:"上海人视江宁、清江为远路,而关东则每步四、五至,殊不介意,水线风信,熟如指掌。关东、天津之信由海船至者无虚日。"海上航运的发展,对漕粮改行海运是一个重要启示。

沙船是为航行沿海沙滩较多而特制的船只。沙船分为大小两种,大沙船长162尺,小沙船81尺。沙船结构平底而吃水浅,并且十分牢固。船上安装五个桅帆,依靠风力吹送,船行迅速。此种船只在嘉庆、道光年间有3000余只,按经营区域分为11帮:崇明、南通、海门、南汇、宝山、上海等地船多的地方自成一帮,每帮有船数百只,分属于若干船主。经营沙船生意的多是各州县大富商。

漕粮改行海运是漕运制度的一大改革,不仅可以节省帮费,增加漕粮征运额,还可节省为维持运道而支出的治河费,可节省为运输漕粮而支出的造船费,以及运丁的行粮月粮费,也预防了沿途的盗卖与掺和,这对充实京师仓储是有利的。清政府从充实京师粮储出发,同时吸取道光六年实行海运的实际经验,决定从道光二十八年始,漕粮实行海运。

改行海运,第一步是招募运船。先是雇用沙宁卫船,继而改用夹板船,最后使用轮船。咸丰二年,浙江漕粮改行海运后,以海运漕额增加,原有沙船不敷装载,又另雇宁波蛋船、三不像船100多只。这时海运船只,江苏运粮以沙船为主,有时增雇天津卫船;

浙江运粮总以宁波船为主，附带增雇沙船和卫船。每船每年可往返天津两次，苏松道及浙江省漕粮即可全部运完。后来外商夹板船盛行，沙船在北方的贩运生意渐为外国商船所夺，海上运输逐渐丧失，遂纷纷歇业。政府虽然采取一些保护沙船措施，但在不合理竞争条件下，沙船由3000多只，到同治六年后，只剩下400~500只了，已负担不起送运漕粮任务。在沙船不敷运载的条件下，政府开始考虑雇用夹板船。又由于夹板船运载货物有保险章程，没有损失米石的疑虑，政府决定兼雇用夹板船运粮。但政府并不直接向外商交涉，船乃是通过中国商人向外商转租。同治六年五月，清政府租用外国夹板船第一批装运漕粮离沪北上。此后不久，即改用轮船运输漕粮。为运输漕粮的需要，在李鸿章创议下设立了招商局，招商造船。但招商局初建时，船只主要是向外商购买。同治十一年，先向英商订购3艘，总共可载粮12.7万石，由招商局享有漕运专利，船数继续增加，至光绪二年（1876年），已有轮船十余艘。此后，由于海运漕粮增加，招商局又收买旗昌洋行（Russell S. Co.）江船9艘，海船7艘，小轮船4艘。招商局营运业日益发达。

　　漕粮改行海运，给清政府带来许多成效。其中主要的有三个方面。一是海运便捷。运河由江北瓜洲至天津全程共1540里，路程虽然较海程为近，但由江北至山东境，沿运河筑闸建坝，急流浅滩每每有之。每过急流逆驶，一般挽拽就得二三百人；漕船过坝，更须用绞车盘拖，需时过久。因此漕船一次往返需时7~

8个月，多或经年。嘉庆以后，每因运道梗阻，拖延行期多至10个月之久，有时在北方守冻，待翌年春暖冰消始能南归，致延误兑漕期限。改行海运，航程由上海至天津为4000多里，较河运里程长，但航行迅速。沙船由上海至天津一般航行20多日，如轻载顺风十数日可达，比之河运要快得多，有利于京师供给。二是精简了机构，革除了积弊。实行河运，需要一个庞大的办理漕务的官僚机构，改行海运后，庞大的官僚机构可以精简。行河运之时，漕运官吏皆以办漕为利薮，漕官勒索运丁，运丁则向兑粮州县需索帮费，大大加重了粮户负担，致粮户无力完纳，拖欠累累。漕粮河运积弊已深，只有实行改制才能革除，在当时情况下，改行海运是较好办法。三是节约运费。漕运制度是以巨大的人力物力财力的消耗为代价的。嘉庆大学士刘权对维持漕运的各项开支作了一个总的估算，指出运粮1石需银8两。至道光时，山东道李鸿宾估算，认为运漕1石需银10两。道光二十五年，据户部奏称：运漕1石需银10余两。后来何文炬说，漕粮运抵北京作为俸饷，每石所抵不过为银一二两，但通计运费已不下二十余两。黄梦维在《停漕论》一文中还说，每运漕1石需银40两。至光绪二十二年（1896年），广西按察使胡燏棻奏称：每石运费约五六两至10两不等。不管他们谁说的准确些，但都反映了漕粮运输耗费太重。据统计，除修治运道河工等费不计外，为维持漕运历年开支高达银330多万两，米246万多石。农民税户完纳1石漕粮要支付2～3石粮食。改行海运，庞大的河工费、运丁月粮行粮费、造船修船费，以及其他各项开支，都可裁减。转运漕粮开支大为减少，每运粮1石，各种费用加在一起还不过银0.7两。同治十一年（1872年）后，增至银0.8两。比之河运，运费大为节省。据户部尚书孙瑞珍称：苏、松、太三府州于道光二十七年（1847年）改行海运后，节省各项米约30万石，以273700石作为筹补三府州过去的缓缺米，随正项漕粮起运交仓。至咸丰元年，苏、松、常、镇、太五府州属又改行海运，节省银达80万至90万两，除抵补缓缺漕粮398625石（折银398625两）外，尚盈余40万至50万两。

9 治理漕粮运道的功臣

在开凿治理运道的过程中，历代涌现出许许多多著名的水利专家，但由于受篇幅的限制，不能一一介绍。这里，主要介绍郭守敬、潘季驯、靳辅三位。

郭守敬，生于南宋绍定四年（1231年），卒于元代延祐三年（1316年），享年85岁，顺德邢台（今属河北）人，是元代著名的水利学家。他从31岁被任命为"提兴诸路河渠"后，便开始主持全国水利工程，到去世时的55年间，在水利建设中先后提出二十余项工程建设方略，治理河渠泊堰大大小小共计数百余处，取得巨大成绩。其中，对改建大都（今北京）至杭州的京杭运河贡献最大。

元初，内河水陆联运路线，大体上是沿着隋唐以来南北大运河的方向。但这条运道弯曲不便，运输量很小而且消耗很大，与京师对粮食大量需求矛盾突出，因此修建一条从江南直通大都的运河就显得十分重要和迫切。在修建这条运河中，他最突出的贡献是治理大都至通州的运道及治理山东卫河（临清以南）与汶、泗相接段（济宁以北）的运道。

在修建大都至通州间的运河时，他建议用玉泉水通漕。至元二年（1265年），在他主持下疏浚了玉泉河渠，并对下游今南长河、高梁河、北护城河、坝河至温榆河进行整治。同年，他又提出重开金口河建议，引永定河水通航。他在总结金代修金口河失败教训的基础上，提出开凿减水口和深挖河渠，宽修河面主张。至元三年批准施工，由于事先作了深入勘察，工程圆满成功，此为初建大都时的漕运，发挥了近三十年的功效。至元十六年，守敬又对坝河运道进行大规模整治，沿河修建了7座闸坝，实行"倒载"法运输。严格说来，通州至大都北线运河——坝河应是京杭运河的一条支线。至元七年，他又曾对白河（北运河）进行裁弯取直的整治。其方案是：通州以南，于蔺榆河口径直开引，由蒙村跳梁务至杨村运河，以避免浮鸡淀风浪和盘浅转运之患。这工程到至元十三年完工。缩短了漕运的航程。

元初，江南漕船直驶大都最困难的地段，是解决泗水至御河一段通航问题。至元十二年，为解决这段运道问题，守敬进行了6次深入勘察，为开凿会通河做了准备。他勘测的目的：一是寻求最佳路线，裁去原南北大运河的三角边的两边，而使水道直接北上；二是尽可能寻求这一带可以利用的水源，为规划中的运河供水。至元十三年经丞相伯颜奏准后即开工兴建。守敬的勘察和规划，为工程的成功创造了条件。这就是著名的会通河。

会通河开通后，江南的漕船只能到达通州，由通州至大都尚有五十余里。当时虽然开凿了坝河，但流量小，只能承担当时货运量的三分之一，其余三分之二还得通过陆路运输。但陆路运输运费昂贵，而且一到秋雨季节，"驴畜死亡不可胜计"，难以完成漕粮运输任务。郭守敬通过周密调查、研究，提出开凿通惠河的宏伟规划。至元二十九年，他亲自规划、设计，并亲自主持施工，经过一年的努力，通惠河开凿成功。整个工程用工285万个，费钞125万锭。通惠河竣工后，江南漕粮可直接运抵积水潭。这是漕运史上的伟大创举。

郭守敬在开凿通惠河上的贡献主要有四个方面：一是积极开新水源，将温榆河上源泉水引至高粱河水系；二是增设调节水库——瓮山泊；三是在航道上设置24个闸，实现了"节水行舟"；四是较好地解决了通惠河与北运河的衔接问题。

潘季驯，生于明朝正德十六年（1521年），卒于万历二十三年（1595年），享年74岁。浙江吴兴人。是明代著名水利专家。他从嘉靖末到万历中，前后27年间，四次担任总理河道，主持治理黄河、淮河、运河。在长期治河实践中，他始终把握住"自兰州而下，水少沙多"、洪水暴涨暴落的水文泥沙特征，推动了治黄方针从单纯治水到注重治沙、治水并举的方向转变，系统总结、完善了一整套堤防建设的经验，使黄河下游两岸完全堤防化、堤制系统化、堤防修筑防守制度化。

嘉靖四十四年（1565年），他第一次出任总理河道时，提出开发利用上游的水源，挑挖下游淤积的方略，主张恢复黄河旧道，反对一见河道淤塞，就另开新河的意见。隆庆四年（1570年），邳州决口，漕粮运道淤阻，这时，他受命于危难之时，第二次出任总理河道。上任后，他率领民工5万余人，堵塞11个决口，挑浚匙头湾淤河80里，筑缕堤3万余丈，逼使黄河水回归到原来的河道。这时，他还提出要使黄河长治久安，就必须筑双重河堤。近堤用来约束河水，增加水流的速度，减少泥沙淤淀，在离河较远之处另筑遥堤，预防河水决口，以保障人民生命财产、房屋的安全。由于不久即被弹劾罢官，故未及实施。万历六年，黄河于崔镇以北决口（今江苏泗阳），淮水又在高堰以东决口，黄河、淮河、运河三河交汇的"清口"一带的河道，只剩下一沟之水，而淮扬一大片地区变成泽国，漕粮运道完全中断。在此形势下，他第三次出任总理河道。当时是张居正为首辅，他在张的支持下，大刀阔斧地实施其"筑堤束水，以水攻沙"和大筑高家堰，贯彻"蓄清刷黄"的治河方略，进行了大规模的堤防建设。如这时修建高家堰60余里，归仁集堤40余里，柳浦湾堤东西70余里，堵塞崔镇等处决口130多丈,筑徐、滩、邳、宿、桃、清两岸遥堤56000余丈,建砀、丰大坝各一道,修徐、沛、丰砀缕堤140余里,建设崔镇、徐升、季泰、三义减水石坝4座,迁通济闸于甘罗城南,于是淮扬间堤坝无不修筑,"费帑金五十六万有余"。经过这次整治,比较彻底地治理了徐州至淮河之间的河段,而洪泽湖东堤、淮扬运河和南旺一带运道,在双重堤防保护下,大运河出现了"清口方畅,流连数年,河道无大患"的巨大成就。万历十六年,他第四次出任总理河道。这次,他把精力放在整治郑州以下黄河两岸堤防上,并制定了一系列堤防修守制度,同时还初步实施了淤滩固堤措施。他著有《河防一览》一书。对以后治河者颇有借鉴之用。潘季驯后半生为治河和保证漕运畅通作出了卓越的贡献。他的治河和治漕结合起来的思想,对后代有很大影响,他是河工史上以堤治河的杰出代表。

靳辅,生于明朝崇祯六年(1633年),卒于康熙三十一年(1692年),享年59岁,辽阳人(今属辽宁)。从康熙十六年至康熙二十六年间,十年连任河道总督,主持治理黄、淮、运三河。靳辅在治河方略上继承并发展了潘季驯"坚筑堤防"和"束水冲沙"的思想,反对多支分流,主张束水于一槽。他认为黄河水从来就裹沙而行,如果水势分,水流速度就缓,水流缓则沙停,沙停则河床抬高,这样就会使河道的情况一天天坏下去,漕粮运道也会因河道变坏而越来越受阻。如果水势大,水流流速就快,沙泥就会自然而然随水而去,运道就可以保持畅通。如果沙停积,河底就会一天比一天垫高,水就会无止境地向两旁溢出。鉴于这种认识,他极力主张"筑堤束水,固保万全"。同时,他还主张"借清刷黄"。他认为黄河之沙,完全依靠各处清水并力劲刷,才能使沙泥无停滞之虞,而顺流入海。其次,他还提出"寓浚于筑"的思想。他认为在河身两旁近水之处,离水3尺,下锹掘土,各挑引水河一道,掘面阔8丈,底阔2丈,深1丈2尺,以待黄淮水注入,在三面夹攻之下,顺流冲洗,淤沙即可冲去,旧有并新凿河道即合而为一。

康熙十六年,靳辅任河道总督后,根据河道日坏,河患日多的情况,提出了八点治理黄、淮、运的具体措施和步骤:一是取土筑堤,使河宽深;二是开清口及烂泥浅引河,引淮刷黄;三是加筑高家堰堤岸;四是依照顺序堵塞周桥至翟家坝34处决口;五是深挑清口至清水潭运道,增培东西两堤;六是淮扬田及商船货物,酌纳修河银;七是裁并河员以专责成;八是按里设兵,划堤分守。朝廷基本同意他的计划,在陈潢的协助下,靳辅立即组织施工,在黄淮下游千里河岸,展开一场声势浩大的修堤、筑堤、疏河工程。靳辅上任后,就主持大挑清口,在烂泥浅开凿了4条引水河,在清口至云梯关河道,建筑了关外束水堤18000余丈,堵塞于家岗、武家墩大决口16处,又筑兰阳、中牟、仪封、商丘月堤及虞城周家堤。第二年,创建王家营、张家庄减水坝2座,筑周桥翟坝堤25里,加培高家堰长堰长堤,堵塞山、清、安三县黄河两岸及湖堰大小决口。第三年,建南岸砀山毛城铺、北岸大谷山减水坝 8 座，筑徐州长樊大坝外月堤 1689 丈。由于河防工程破坏严重，决口多，尽管是经过三年大规模治理，但黄河水流还未能完全归复故道。康熙二十二年，萧家渡决口堵塞工程竣工，此时黄河才完全复归旧道。康熙帝南巡时，靳辅受到嘉奖。康熙二十四年，他对河南境内的黄河堤防工程进行大力整治，修筑了考城、仪封堤 7989 丈，建封丘荆隆口大月堤 330 丈，筑荥阳埽工（由一层土一层高粱秆或芦苇堆积起来的护岸）310 丈。又凿睢宁南岸龙虎山减水闸 4 座。康熙二十六年，为了避开黄河风涛对漕船的影响，他又主持开挖了中运河，从而避开了黄河 180 里风涛之险。

靳辅在治理黄河的同时，贯彻了"合河道运道为一体"的方略，同时对运道进行大规模治理。康熙十七年，在他亲自主持下，修筑了江都漕堤，堵塞了清水潭决口，又挑浚山、清、高、宝、江五州县运河，并堵塞决口 32 处。靳辅又请按里设兵，分驻运堤。康熙十八年，对黄、淮、运交汇的清口进行移建、改造和整治，并沿运河堤岸修建了一系列减水坝工程。康熙十九年，又修建砀山至城铺、大谷山、宿迁拦马河、归仁堤，建邳州东岸马家集减水坝 11 处，此外又开凿皂河 40 里，上接泇河，下达黄河，使漕运畅通。康熙二十六年（1687 年），又开了中运河，使黄河运道出现了小安局面，给清代漕运事业的发展立下了不可磨灭的功勋。

四 中国古代漕粮的运输

中国古代王朝,为了保证京师皇室、官吏、百姓食粮的供应,以及军队粮饷的供给,每年都需要从关东或东南地区运输大量的粮食及其他物资。这是一项非常艰巨的工作,它牵涉到方方面面。

1 漕粮的运输

秦始皇时,从山东向北河(今内蒙古乌加河一带)转运粮食;攻南越时,令监禄凿灵渠沟通湘江与西江水系运粮。但当时如何组织人力、车船运输这些粮食,由于史料记载不详,已不得而知。

据《后汉书·杜笃传》记载,"鸿(沟)渭(水)之流,径入于河(黄河),大船万艘,转漕相过",使多则600万石,少则400万石的山东之粟源源运到京师。又据《汉书·食货志》记载,每年由关东转漕到关中,需用兵卒6万人。从上述文字记载看,汉代转运粮食的工作主要由军队承担。至于其他更详细情况就不得而知了。

隋代漕粮的转运采取的是分段运输法。从江南来的漕船至汴口，即将粮食卸下，输入武牢仓内，再由河船经黄河入洛水，将漕粮贮于巩县的洛口仓。由洛口仓而西至陕州太原仓，有两条路线可走，一条是溯洛水经河阳仓，入含嘉仓，以车载或由牲畜驮运，由陆路至陕州；一路是由黄河经柏崖仓，而后再由陆路运至陕州。由陕州太原仓经水运达永丰仓、渭南仓，直抵长安的太仓。这种节级转运的方法的好处是：水通则行船，水浅则将漕粮存于仓，以待时日，船则不必停留，这样可以减少漕粮的损耗。

为了配合节级转运措施得以实行，隋朝政府在运河沿岸水流交汇处设置仓库，以储存漕粮。当时设立的仓库有：开皇三年（583年），于洛州置河阳仓。该仓建在今偃师县东南老城，县北为邙山山脉，地势高、干燥，适宜修建粮仓，从洛阳城中流出的通济渠在偃师县西流入洛水，该仓就是为从洛口仓转运粮食入洛阳城而设置的。同年，又在位于陕州（今三门峡市西旧陕县）西南四里设常平仓。其地临焦水，西俯大河，地势高而平坦，所以又叫太原仓。自洛阳往西至陕州一段漕运，因三门峡险阻难行舟，采取陆运，自陕州至长安一段，则利用黄河及渭水转运，史书上称陕州太原仓"地控两京水陆二运"，是"蓄巨万之仓"。同年，在位于今陕西华阴县东北35里渭河入黄河处（今潼关附近），设置广通仓（大业初改名永丰仓）。关东地区漕米运入关中，都先集中在这里，是关中地区最大的粮仓，此仓地理位置重要，为兵家争夺之地。同年，又于卫州黎阳县西南大伾山麓（今河南浚县东二里大伾山北）设置黎阳仓。该仓西濒永济渠，东临黄河，水运十分方便。从河北地区征收来的粮食，都先集中在此，而后再由永济渠或黄河运往洛阳、长安。大业二年（606年），在洛州巩县东面的洛水河东岸建洛口仓。此仓因地处洛水入黄河河口，故称洛口仓。周围筑有仓城长20余里，挖有地下粮仓3000窖，每窖可储米8000石，是隋代最大的一个粮仓。同年十二月，又于洛阳城北7里处建回洛仓。周围筑有仓城长10里，挖有地下粮库300窖，是隋代东都洛阳的粮库。

由于唐王朝的经济重心在江淮，所以必须"常转漕东南之粟"。但把江淮漕粮往关中运送，不仅路程遥远，而且运道十分艰难。由江淮至洛阳一段，由于大运河畅通，困难还不是很大，但由黄河转漕关中，却遇到重重困难，首先是由于各地雨水不同，漕船航行经常受阻。据《旧唐书·食货志》记载：江淮漕船于每年正月、二月上运，至扬州入斗门即逢水浅，已有阻碍，须停留一月以上。至四月以后，才能开始渡淮入汴。但此时大多数时间属汴河干浅之时，又得搬运停留，待六七月到河口时，恰逢黄河水涨，不得入河，于是又得停留一两个月，等到河水小时，才得上河入洛。由于漕路干线，船只受阻隔，加上搬载停滞，十分艰辛。其次是运道险恶。从洛阳以西至陕州一段黄河，由于南北两岸受中条山脉和崤山山脉的约束，河身处于峡谷之中，在今三门峡的地方，河床为屹立在河中的两个大石岛分成三股，不仅河道狭窄，水流湍急,且水中布满暗礁,漕船至此,稍有不慎,就有船破、粮沉、人亡之灾。唐初,各地漕粮由百姓漕转京师,并由州县富人监管督运。这种民运方式,由于旅途时间长,致使长时间贻误农事,一旦船翻粮溺,还要向官府赔偿损失,给百姓带来沉重的负担。同时,这样的漕运方式,也无法满足京师对漕粮日益增加的需要。在这种形势下,裴耀卿于开元二十一年(733年),首先提出改革漕运的倡议。倡议内容包括三个方面:一是在黄河与汴渠交汇处建筑仓库一座,在砥柱(三门)东西两头各建仓一座。二是江南漕船行驶到黄河与汴渠交汇处后,即把粮食卸下交仓,而后即可驾船南回,不必再在河、汴之间稽迟停留,从而可以大大缩短南方漕船往返时间,有利于农业生产。三是从洛阳以西路段雇船运送。先是,雇船分入河洛,至砥柱东把粮卸下入仓,而后用牛车从东边仓搬到西边仓,再由河入渭,最后转搬太仓。玄宗接受这一建议,于河阳设筑了河阳仓,河清设置柏崖仓,三门(砥柱)东建集津仓,西设三门仓,每一运程设置一仓,漕船至仓即搬下贮纳,水能通舟时即运,水小不能行舟时即停,灵活机动,避免了船载停滞,欠折等弊端。结果,运输效率有很大提高,运输费用也有很大节省。

天宝末年,安史之乱起,洛阳沦陷,漕运运道被断绝,加上史朝义攻占宋州(今河南商丘南),于是淮运阻绝,致使"京师米斛万钱,宫厨无兼时之食"。所以,安史之乱平定后,唐廷首要任务便是恢复江南的漕运。

在这困难时刻，原通州刺史刘晏受命理漕政。在他精心策划下，扭转了当时危急局面。他的做法：一是缘水置仓，转相受给。二是每段航程的漕船，只航行于本段，即"江船不入汴，汴船不入河，河船不入渭"。这样，船有专用，水手熟悉水性，可避免漕粮损失。三是改民运为官运。他先于扬子设立船场，用厚给工值的办法，建造大批坚固耐用的官船，而后组成一支精悍的官运队伍，从而免去了百姓漕挽赋税的徭役负担。由于这些职业漕夫长期驾驶漕船，熟习运道水情、气候特点，因此有利于提高漕运技能，提高漕运效率。四是解决佣工及造船经费。他把食盐专卖所得的钱，用来补贴漕运。在他精心筹划及多方努力下，节级运输方法不断得到完善，效率也不断提高，结果"岁转粟百一十万石"，并且"无升斗溺者"，使关中地区的粮食供给又暂时得到缓解。

刘晏为唐代漕政树立了一个成功的样板。后继者谨遵"大历故事，如刘晏、韩滉所分焉"，没有进行多大的改革，处于一种守成状态而已。

北宋由江南转漕京师，采用的是"转般"法。何谓转般法呢？是指东南六路（江南东、西路，淮南，两浙，荆湖南，荆湖北路）漕粮运至淮南，再由汴河漕船转运京师，这种转递运输，即称"转般"。

宋初，淮南地区漕粮北运，仍沿用唐代节级转输法，淮南的漕粮集中到楚州和泗州，而后再转运入汴。楚州和泗州皆位于淮南运河与淮、汴河交汇口接点上，成为漕运的转运中心。因此，这时还停留在分段运输上,还谈不上使用转般法。

宋统一南方后,漕运量迅速上升,太平兴国六年(981年),漕粮运输达400万石,但由于制度不健全,以及缺乏统一管理,漕运量很不稳定,制约了漕运的进一步发展。淳化年间(990~994年),任命杨允恭赴淮南主持漕运。杨允恭上任后,首先确定了漕运路线分为两段,一是江浙船至淮泗止,二是由淮泗至京师。据《宋会要辑稿》称:先是六路的漕粮,分别运至真、扬、楚、泗州转般仓受纳,而后分调舟船计纲溯流入汴至京师。其次是在真、扬、楚、泗州建筑转般仓,以储蓄漕粮。四州共建转般仓7所,其中3处在真、泗二州,其余4处设在楚、扬二州。这些仓库规模都很大,据《续资治通鉴长编》记载,扬州废仓300余间,约贮谷百万石。北宋把转般地点分设4处,并且拉开一定的距离,比刘晏仅建扬州一处转运点更为优越,不但可以遥相呼应,而且更加便于对江淮地区的控制。另外是承袭唐代和籴法,以籴买积储填补缺额。每年大约在江浙等地籴米200万石。这些粮食便用来补充因灾歉收府州的缺额,而歉收州县则以钱折纳所歉部分,于是保证了漕运的稳定性,同时也做到了丰歉的调节。至此,唐代以来漕船节级运输的办法已被转般运输所取代。

北宋政府除了采用和籴法,积米于仓的同时,还在东南地区实行"官卖盐法",以保证漕运顺利进行。由六路转运司控制淮南盐的运销,即各路漕船至淮南转般仓卸完粮食后,可利用回空漕船运载本路之盐,回所属州县出售。这样,各州县在漕运中虽然有所付出,但在食盐官卖中也得到好处,可以用卖盐的利润充实本路经费。把官卖盐法与漕粮转般法结合起来,其结果是:"故漕不乏,民力亦宽。"据《文献通考》记载,真宗景德四年(1007年),东南漕粮运量达600万石。真宗朝东南漕运还创下年转漕700万石,甚至800万石的纪录。但由于组织管理不善,各地互相调剂不够,以及对运输中成本欠核算,造成很大浪费,因而漕运量难以稳定,宋仁宗当政初年,问题更为严重,年漕运额下降至550万石,造成京师缺乏军粮储备。宋政府为了扭转江淮岁漕不给局面,于庆历中任命许元主持漕运。许元任江淮制置发运判官后,将中央政府拨给的一笔籴本,每年定期在东南各路籴米储于仓,使各个转般仓经常保持有数年的积储。做到某地因灾减产,漕粮征收无法完成定额时,可以从转般仓储备的粮食代为上供。这种办法叫"代发"。而后再从未完成交纳漕粮任务农户手里,收回代发米数的折款,并加上脚钱,从丰收的州县购粮回仓,以补动用的数额。这种制度,有利于发挥调剂作用,保证漕粮运输量的稳定,同时也保障农民的利益,不至于使农民因歉收而增加负担,或因丰年而减少收入。与此同时,许元还改革了组织管理方法。改革前的发运司成了领导和监督东南各路漕运的最高机构,发运司直接指挥各路州县漕运,集中使用漕船,以取代各转运司分担的漕运工作。其结果使各转运司无法给予配合,而发运司则忙于繁重事务,管理混乱,给漕运造成不利影响。

许元针对原来弊病，首先恢复了转运司的职能，并规定汴船不出江。其次，明确六路转运司归发运司统一领导，以加强对东南漕运的统一管理。经过庆历年间的改革，基本上消除了影响漕运量稳定的因素，在不长的时间里，使京师粮食充足。欧阳修赞誉他："修前久废之职，补京师匮乏之供，为之六年，厥绩大著。"

宋仁宗时期的改革，对稳定每年漕运量是有好处的，但也出现了浪费巨大的问题，尤其是漕粮以外物资不是根据需要而定，而是根据中央财政机关三司制定，因此有许多物资用不着，造成运输上的巨大浪费。为了解决这个问题，王安石于熙宁二年（1069年）实行了"均输法"。根据京师的需要，对各项定额进行调整，如"三司有余粟，则从粟转为钱、为银绢，以充上供之数，他物亦然，故有无相资"，避免造成所供非所需的浪费。并实行"徙贵就贱，用近易远"的原则，籴米和其他物资，以节省费用和减轻运输负担。

此时出任发运使的薛向，得到王安石的极大支持和信任。安石拨给他钱500万缗，米300万石做本钱。在他努力下，依据均输法合理地安排了漕运事务，在更大程度上满足了宋王朝的需求，缓和了紧张的供需矛盾。

薛向在充分利用官船分运同时，还雇用了一部分商船参加漕运，其目的是为了对官船进行监督，以减少官船中的侵盗现象。

从宋初至神宗时期，北宋建立了一套比较完整的漕运制度，对保证东南漕粮及其他物资顺利运往京师，保证京师供给需求，发挥了巨大作用。实行转般法结果，使北宋政府百余年间，上下俱宽，而中都不乏。

至徽宗时（1101~1125年），转般法被直达法所代替。出现这种情况原因是多种多样的，其主要的有：一是漕运运道有所改善。户部尚书曾考广认为，以闸代堰后，漕船已可以顺利通过淮南运河，转般法已经没有必要再维持。二是代发制度破坏。徽宗以前，发运司掌握有数百万贯籴本，购买足够的粮食储于转般仓，以备因灾歉收州县漕粮上供不足，以代发补充其不足数额。但到胡师文充当发运司时，即把籴本以羡余名义上交中央，致使转般法丧失调剂补缺功能。《文献通考》指出：把钱上交中央结果，"不能增籴而储积空矣，储积既空，无可代发，而转般无用矣"。三是官卖盐法废除，各路漕运经费不足。崇宁（1102~1106年）初，蔡京集团为了增加中央财政收入，以钞盐法（即通商法）取代官卖盐法，盐务全部归榷货务，不许六路漕运官船回载食盐，断绝了转运司财源，各路转运司损失不下数十万贯，这就严重地影响了六路转运司的收支平衡，使原本紧张的财政状况更加恶化。各转运司由于难以筹措到漕运经费和船只，使转般法陷入难以维持的困境。

直达法存在许多弊端，如：取消代发制后，由于仓储空虚，漕运数额难以稳定，致使京师供应紧张；各路漕船频繁通过淮南运道，水闸失去正常控制，淤沙得不到及时疏浚，于是运道日益浅涩，影响船只通行；各路转运司在经费匮乏情况下，为应付繁重的漕费，不得不把费用转嫁到农户，增加赋税征收，从而加重农民的负担，致使社会治安极不稳定，甚至有的地方发生拦截别路漕船现象；昔日的运卒由于漕船返程时无所得，因此生计日益困窘，故毁舟盗卖者在在有之，转为贼盗者不可胜计，从而加剧了社会秩序动荡。正因为如此，直达法实行不久，就遭到大多数人的反对，尤其是遭到六路转运司的反对。但由于中央政府不愿放弃东南盐利，又不肯给发运司和六路转运司足够经费，所以要恢复转般法只限于口头，得不到实施。由于徽宗时期漕政混乱，导致"财匮而府库虚"，君臣为之束手的境地。漕运制度败坏，加速了北宋政权的败亡。

进入南宋以后，汴河漕运全停，运河暂时结束了自己的历史使命。南宋建都杭州，江河辐辏，运输便利，漕运范围不出两浙、江东西、荆湖南北等州，所有漕粮、钱帛等上供之物，均以临安为最终目的地。南宋的漕运开始由民船承担，道里虽不遥远，但小民却因之失业，所以民间多有不惜自沉其船，以避其役者。官吏多有奏请政府自设船场造船，募兵卒牵挽，使臣管押，以减少对百姓的骚扰，于是采取官运为主，商运为辅的方式。

江南系产米之区，粮食处处可得，不必由外地转运，在绍兴（1131～1162年）初，漕运实际上已经停止，发运司就近于丰稔处籴米以足岁额，此后"卒以为常，公私两便"。因此，南宋的漕运性质已发生了变化。

元代漕粮的运输采用了内河运输和海上运输并举，而又以海上运输为主的方针。内河纲运（运输组织方式，10 船为纲，每纲 300 人，篙工 50 人）划为两大组进行，即短运和长运。其中短运又分两段，南段由吕城镇（属今江苏丹阳）驻军运至瓜洲，北段由汉军与新附军由瓜洲运至淮安。长运则募民船承运，从瓜洲起运至淮安，由淮安分司开闸放船入淮，再由中滦、济州分司派员分领纲船。官府另于运河北段地域掌握一批官船，大致是负责各所在地屯田粮的运输。海运主要由分处南北两大系统承办。南方承运系统主要负责接纳海道粮，兼及其他各路南方来的物资，北方接运系统主要是将南方来的粮物运入大都各仓。南北两大系统各自拥有布局合理的粮仓。

明代的漕粮运输有个变化发展的过程，与以前朝代比较，显得更丰富多彩。

明洪武年间（1368～1398 年），明太祖朱元璋建都于南京，当时南京成了明帝国的政治中心和经济中心，也是漕粮输往的中心。运往南京的粮食主要是通过江运和河运，江西、湖广等地粮食，循江而下，可直抵南京；东南沿海各地粮米，或溯江而上，或由江南运河抵达。这些漕粮全靠民运，由各地粮长负责催征与督运。

元顺帝北遁后，辽东地区的战事仍然在进行。为保障北方军队的粮饷，明政府还进行了海运。洪武元年（1368 年）二月，朱元璋命令汤和赴明州（今属宁波）造海船，运粮输直沽，供给北上士卒。洪武五年正月,又命靖海侯吴祯率舟师数万,从登州(今山东蓬莱)出海,运粮到辽东。海运人员基本上由江、浙边海卫所官军担任,另招募一些水工协助。海运基地设在江苏太仓,船只主要从刘家港出海,有时也从山东登州出海。此后,转运辽饷一直在进行。至洪武三十年,由于辽东战事结束,以及辽东军饷充足,明太祖下命停止海运。

永乐元年(1403年)正月,明成祖朱棣宣布建都北平(北京)。由于政治中心北迁,北京对粮食的需求量急剧增加,明政府恢复南粮北运。永乐元年三月,明成祖命令平江伯陈瑄与前军都指挥金事宣信恢复海运,但仅仅靠海运已不能满足需要。同年三月,唐顺上书,提出河陆接运建议,户部尚书郁新提出改良方案后,得到实施,当年十一月,157万石漕粮通过河陆接运抵达京师。

由于北京建设规模扩大,工匠民夫迅速增加,对粮食需求也日益剧增,"海运多险,陆挽亦艰"的状况不能再维持下去了,因此,对现行的漕运方式进行改革,已提到日程。

永乐十三年,为了增加京师粮食供应,实行了支运法。具体办法是:从淮安至济宁为一段,从济宁至北京为一段;淮安以前用民运,淮安以北用军运;一部分运军从淮安仓支出粮,用船运往济宁仓,另一部分运军从济宁支粮运往北京。这种支运法包括支粮和运粮两方面,但运军从各仓支运的粮食,不必是当年进仓的粮食;当年各仓所进的粮食,也不必就要供当年运军支领运输。各仓所进的粮食与支出的粮食可以数年通融计算,只要不失仓储和运输的常额就可以了。

实行支运法后,由于避免了海运的风涛之险,又避免了陆路的艰辛,既安全又经济,具有很大优越性,因此漕运量大增。据《明史·陈瑄传》记载:"初运二百万石,浸至五百万石,国用以饶。"但也存在着一个严重问题,即东南地区农民的漕运负担加重了。以苏、松、湖、嘉等地来说,原有一百万石漕粮运至太仓即可,现要全数运往淮安了。但开始问题还不大,运至淮安里程也还不算太远。问题出在永乐十六年,政府规定浙江、湖广、江西三省,以及直隶的苏、松、镇等府250万石漕粮,要由各省直自备船只,并直接运往通州河西务等处上仓。由于江南人民的运输路线骤然加长,以及漕粮负担的加重,于是给当地带来一系列的社会问题。如农民的赋税负担加重,农民逃亡日益增加,田地荒芜,钱粮年年拖欠,加上大批农民参与长途运输,贻误了农时,影响了农业生产的发展。宣德四年(1429年),明宣宗看到了江南人民运输的艰难,于是对各地农民运输路线作了调整:江西、湖广、浙江民运粮150万石贮淮安仓,苏、松、宁国、池州、卢州、安庆、广德民运粮274万石贮徐州仓,而后由官军支;山东、河南、北直隶府州县粮,则直接输往北京。但这方案并未得到认真实施。

宣德六年,明宣宗为了改变漕运中存在的种种问题,在江南巡抚周忱的倡议下,采行了"兑运"法。周忱"兑运"法内容主要有三点:一是江南漕粮民运至淮安或瓜洲水次（小港口），交兑给漕军，由漕军运抵通州；二是运往淮安的漕粮，每石加米五斗，运往瓜洲者每石加米五斗五升，作为漕军代民远运的路费耗米；三是驻在江南各地的运粮官军及南京军未过江者，就近赴仓支兑，另加过江米二斗，衬垫芦席折米五合。宣德十年，兑运法在加耗方面作了些调整，如湖广、江西、浙江每石交纳加耗六斗，南直隶每石加耗五斗，江北直隶每石加耗四斗，徐州每石加耗三斗五升，山东、河南每石加耗二斗五升。实行兑运法后，由于官军兑运能力不足，部分"兑运不尽"粮米，仍由民运至各仓，然后由官军支运。实行兑运法以后，漕粮兑运部分不断增加。如正统二年（1437年），运粮450万石，其中兑运占280万余石，淮、徐、临、德四仓支运169万余石，总运数额占十分之六以上。至天顺四年（1460年），运粮435万石，其中兑运数量有363万余石，各仓支运数额有71万余石，兑运数额占八成以上。成化年间（1465～1487年），明政府作出新规定：凡支运漕粮悉改为兑运。

漕粮实行兑运后，不但减轻了江南农民漕运的负担，使大批农民从繁重的漕运徭役中解脱出来，安于农耕，不违农时，对农业生产发展十分有利；而且也减轻了江南农民的赋税负担。漕粮由民远运，运输开支巨大，兑运后虽有加耗，但相比之下，负担还是有所减轻，社会效果较好。陆容在《菽园杂记》中说：东南地区"岁丰人和，讫可小康"，又说"小民不知凶荒，两税未尝逋负"。江南农村呈现出繁荣富庶的景象。

成化七年（1471年），应天巡抚滕昭奏罢瓜、淮兑运，提议江北运军赴江南水次兑运，量加耗米为过江费。同年九月，户部批准这一意见，并确定每石过江米，除加耗外，再加脚价米六升。成化九年，户部奏请江南各仓支运米"宜免民远运，就同本处兑军粮运赴水次，与官军领运"，并根据远近，量加耗米。至成化十一年，淮、徐、临、德四仓70万石支运米，全部改为官军赴水次兑运。这办法称之为"改兑"。改兑法推行之后，漕粮基本上全由官军长运，所以又称之"长运法"。长运法实施后，仍然还有少量"交兑不尽"的粮米，由民船运往四仓。此外，苏、松、常、嘉、湖等府，每年有20万石的白粮，由民直接运往北京，输往内府。由于白粮运费高昂，一般为正米的四倍，所以承担此役之家，都得破产，成为江南人民一项沉重的负担。

长运法在当时历史条件下，是一种比较完善的漕运方式。它基本上免除了农民运输之劳，对维持农业生产正常进行十分有利，同时还可以增加军队收入。官军不但有加耗之收，而且还给轻赍银，此外漕船还可以附载他物，所以，他们"皆乐从事"。自长运法实施后，直至明末，漕运方式未再更改。

清代漕粮的运输沿袭明代兑运法。

有漕州县，漕粮征收入仓，然后派船兑运。漕船派兑水次，有两种办法：一种是固定的，某帮船专到某水次兑运某府州县漕粮，从不变动；一种是轮兑，某帮船今年兑运甲地漕粮，明年改兑乙地，将帮船和州县各分为六限轮兑，周而复始，六年一轮。清初先行轮兑制，采用这种制度的好处，在于有效防止运丁与州县漕书熟悉勾串为奸。但也有它的缺点：一是帮船和派运水次距离有时过远，往返不便，迁延时日；二是帮船所属卫所不归兑粮府县管辖，对运军的约束督催不便。至顺治十二年（1655年），改变为各省漕粮先就本地卫所派兑，船只不足时再派隔属卫所兑运，各帮船兑运某州县漕粮，遂有一定。有些州县不通舟楫，征漕各州县须将粮米运至有水可通漕船处所，称为兑粮水次。如山东武定州漕粮运至德州水次，山东曹县、定陶、郓城、寿州、范县、濮州、朝城、观城等州县漕粮运到张秋安平镇水次，山东东阿、阳谷、平阴、肥城、莘县等地漕粮运至阳谷之七级镇水次，安徽广德州漕粮运至宣城的水阳镇水次，江西省各县漕粮运至省城河下及樟树镇水次，湖广省漕粮运至蕲州、汉口、城陵矶等处水次。

固定水次兑运的制度，后来复生流弊，尤其是兑运苏松二府漕粮的运军，他们和本地漕书多系亲故，每每狼狈为奸。雍正五年（1727年），又改为轮兑制。各帮船兑运州县定三年调换一次，但仍旧以兑运本府各州县漕粮为原则，最远不过百里，近则三十里，这样做的目的，一则易于调运，同时久练情习盗卖钻营的弊端可以减轻。道光三年（1823年），改为各帮船抽签决定兑运州县法，仍是三年一轮，每届三年期满，再行抽签，依抽签次序轮流兑运。

漕船派定兑运州县后，由粮道派定各卫所运船兑运前后次序，以防凌越挤兑，各船即按指定地点、次序前往兑运。

兑运之前，先由漕运总督颁发全单到粮道，由粮道颁发号单，开明船米并赠耗数目分发各州县，州县即照数交兑。州县交兑时悬挂牌示，令帮船挨次轮兑，一县仓廒很多，一仓兑完，再兑二仓、三仓。一船兑米完毕，由领兑运官出具一领兑好米甘结，谓之"通关"。更由卫官将各船收兑米数，照实填注号单。

运军到各州县水次兑粮，严定期限，山东定翌年春秋兑粮，江西、湖广、浙江、江南以冬季兑粮为原则。如届期船到而州县无米，责在地方官；十二月内军船未到兑米水次，责在卫所领运官丁。

州县交兑运军漕粮，以干圆洁净为原则。如米色正常无潮湿掺杂情弊，即兑交上船，由监兑官出具通关米结。如掺有杂物和潮湿情弊，未上船之前，责在州县，运船得不受兑；已兑米上船，发现情弊，责在领运官和运丁。州县和运丁交兑之时，如因米色发生纠纷，争执不下，由监兑官将漕粮取样封送漕运总督和巡抚验定。

漕粮兑毕，由运官将本帮兑粮运船行月银米数目，开兑、开行、过淮、到通、回空、期限，及查验米色并无夹杂等款，依式填注于全单之上，由地方官盖印为凭，即开离水次，按运程开始北上。

白粮部分，明代系由民运，至清代亦改由"官收官解"。由官府预雇船只运送，后来改为随漕带运。粮户将粮交兑入仓，即完成任务，减轻了民户挽运白粮的负担。

为了预防发生漕船拥挤争越情事,清政府对漕船运行规定了开行次第:(1)山东德正帮;(2)河南之通州、天津二帮[乾隆五十二年(1787年),改令济左军帮在通州、天津帮之前];(3)山东之济左、济右等九帮;(4)河南之德左、临前、临后等八帮;(5)江南省帮船;(6)浙江帮船;(7)湖广帮船;(8)江西帮船。航行次序系根据距离京通路程远近。山东、河南帮船在前,湖北、湖南、江西帮船最后。如江西船和江浙帮船一同由瓜洲入口,亦须先让江浙船开行。如湖北船先江浙帮船到淮,须在清江闸等处河身宽阔地方停候,俟江浙帮船过后再尾随北上。一省之中,又按各府路程远近排定行船次序,如浙江一省,嘉兴府在前,次湖州府,再次杭州府。一府的船又编成一、二、三、四等帮,按帮的次序开行。为防止各帮抢先打乱航行次序,屡次颁发不得僭越的禁令。

漕船航行由长江到淮安一段没有严格次第,全省船候齐便可开行。又漕船进瓜洲、仪征河口至三岔河一段,凡有一帮到齐,即催趱先行过淮,如一省之船前帮船只未曾到齐,而后帮船只已到齐全,则令后帮之船越过先行,勿令停篙守候,以免延误过淮期限。但各帮船由于过淮后有不得僭越的限制,常守候不即开行,如江西帮船,探知湖广帮船已过九江才肯开行。江浙两省帮船亦如此。

行船次序,有因发生意外临时改变的。前帮船只如有失风沉溺抢救需时,后帮船得越次先行。

运船在州县兑粮,或在冬季,或在翌年春季,各省不同，依帮次先后、水程远近和运河挑筑时期而定。淮安是中途盘验的总站，通州是交粮的终点，在漕运上这是两个重要据点，所以过淮及到通的日期都有严格的规定。

漕船每日航行里数，因顺流逆流和运道难易而有不同。漕船运粮北上，谓之"重运"；到通卸粮南旋，谓之"回空"。重运北上，南段由山阳南至浙江，北段由天津至通州，每日航程定顺流40里，逆流20里。直隶安陵矶北至天津，计程578里，运道畅通，北上且系顺流，每日限行58里。其闸坝繁多航行困难之处，立限较宽，如临清境内运道不过数十里，定为3日限；台庄到临清，谓之闸河，不过数百里，定限42日。江西、湖广漕船，行经长江，因风挽运，难以逐程立限，仅令沿途地方文武官员速行督催。

漕船回空南下，每日规定航行里数较重运为多，亦因顺流逆流而有不同。

重运过淮抵通虽有一定日期，但各省漕船很少能如期挽运。或由于自然灾害粮赋难征而逾期限，如嘉庆十八年（1813年），山东旱灾，征收稽迟；嘉庆二十年，曹州府瘟疫蔓延，影响收割，未能如期征粮。或由于运道难行而延期，如乾隆三年，淮、扬挑浚运河，江西、浙江、湖广等省漕船过淮日期均行展限。乾隆十八年，淮扬运河水大难行，浙江漕船过淮期限展缓一月。乾隆四十四年，高家码头等处沙淤水浅，江西以后各帮漕船须沿途起拨而延期。像以上情况是很常见的。

全部运道中，航行最为艰难的为过淮渡黄及过山东闸河。如过闸河原定为42日程，而嘉庆十四年，湖南三帮漕船却航行了147日；嘉庆十五年，航行了125日，超过原定天数达数月之久。由于受路段难行影响，漕船很难如期航行。

漕船携带土产过多，载量过重，是不能如期航行的又一原因。漕船由南而北，携带各种南货，湖广船还携带笨重的木料，河道稍一浅阻，即须起拨。运丁所带的南货又须沿途停船售卖，因此时常稽迟脱帮。

漕船稽迟，势将影响第二年新漕兑运，因此，国家对此十分重视。遇有此种情况，国家或下令加紧催趱，或动员人工挖河拨运，万不得已时，甚至在中途卸粮暂存，留俟日后转运。

运河有几十道闸，各闸间水位悬殊，漕船过闸是一件极困难的事。在水源微弱地段，一到干旱季节，便浅滞难行。为此专有拨船和纤夫的设置。设置拨船计有通州、直隶、山东、淮关和黄河渡口数处，起拨地址都有定处。有时为应急起见，拨船还远调他处。如山东拨船，乾隆五十五年，调赴北河拨运；嘉庆十五年，调赴天津杨村拨运。又南方各省漕船航行经常违限，驶至山东水势已减，则令直隶拨船南下迎接，或将漕粮截卸天津拨运。嘉庆十八年，江西，湖广尾帮各船八月下旬才到杨村，令安福帮以后各船截卸在杨村拨运，原船回空赶办次年漕运。咸丰二年（1852年），浙江漕船延误日久，调杨村拨船到临清拨运。官拨船不敷时，则雇用民船协拨。又令漕船各带小划子一只，以备自行拨运。

沿途纤挽漕船的纤夫，原由运粮旗丁自行觅雇。各汛催漕千总以责任攸关，为使漕船迅速出汛，有时代为招雇。按政府规定，自惠济闸至台庄，定每夫每里给制钱一文半；自台庄至韩庄，定每夫每里给钱二文。天雨路泞之时，工价酌量增加，但每里最多不得超过四文。

当水大纤道淹没时，则于逆水急流之处设置引纤小船，插立标记，等候顺风纤挽。或用小船在河中下锚，齐集纤夫挽行，并雇小船在两岸河滩指引护送。河淤水小，则用挖浅办法。如乾隆五十九年，卫河水弱，政府特派专员督挖趱运。嘉庆九年，运丁于山东省闸河内外自行刮挖，用小划轮流起剥。

漕船北上，经过长江、横渡黄河，在淮安以南还有几个大湖泊，如遭遇风暴，或水大流急之时，有覆没的危险。国家为预防意外，一方面严定漕船吃水限制，以防因超载而发生事故，同时注意风色水势。如江南漕船横渡长江，于瓜洲设有望楼，置立旗杆，作为渡江标志，选择善测风信的人专管此事。运河其他各段，若遇风色不顺或水势过大时，催趱押运文武官员须共同计议，暂令停船守候，何时入境出境，册内注明。

为加强救护事宜，设有救生船只。康熙二十六年（1687年），长江设护生船10只，每船有熟习水性头舵10名。该船于冬春三个月间分泊长江两岸京口瓜洲渡江之处，以便漕船渡江遇风险时，南北两岸船只齐出救护。乾隆五年以黄河水势过大,设置护生船两只,于每年正、二、三月保护漕船横渡,同时雇用民船渔船护救。为预防民船装漕船米货远扬,并令各州县查明船户姓名,取具地邻甘结,发给腰牌,填明各船水手年貌住址,船身两旁编制号数,责令管河县丞与河标把总经管约束。这些抢救粮货的船只,由运丁酌给雇价。

地方文武官吏对漕船也有救护责任。漕船渡江遭风暴,京口总兵须督率标兵抢救。

管理机构的设置

秦代的漕运是否设立专门机构负责管理,由于史书记载欠详,无从得知,留待以后再研究。

西汉建都长安后,由于对关东粮食需求量激增,转漕逐渐制度化。元封年间(公元前110～前105年),设置护漕都尉,负责管理各地漕运事宜,沿途县令长也有兼领其事的。漕粮由六万士卒负责运输,漕粮运至京师后储于大司农所属的太仓。东汉迁都洛阳后,由于漕运里程较短,加上运输条件改善,汉光武帝(公元25～57年)临御初年,罢了护漕都尉设置。但东汉时设置了威赊仓官,属河南尹管辖。

唐代漕运机构的设置,大致经历了三个阶段。一是唐初至开元元年(618～713年)。这时,由于京师对漕粮需求不多,每年转漕不过一二十万石而已,因此漕务事简,没有设置专门机构的必要。贞观六年

（632年），虽设立过"舟楫署"管理漕政，但随后罢去。只有在灾荒年间或有大的军事行动时，才临时差遣别的官员兼管漕运事宜，加上"知水运"、"运职"等头衔。事完，头衔就自然消失。平时，漕运事务由设在尚书省户部下的度支和水部郎中负责管理。二是唐玄宗开元以后到安史之乱前（713～755年）。这时期，由于国家机构日趋庞大，官吏人数剧增，政府开支也越来越大，唐政府为了满足京师日益增长的需求，确信已有必要专门设立一个漕运机构，负责漕粮及其他物资的运输。于是在开元元年（713年）任命陕州刺史李杰为水陆发运使（《册府元龟》记载：李杰为水陆使是在开元二年）。开元二十三年，又以黄门侍郎、同中书门下平章事裴耀卿任江淮转运都使。此后十年间，设使的地区不断扩大，由原来洛阳、陕州扩大到整个河南，最后由东南运河地区扩大到黄河、汾水和江淮汉沔等地皆设立水运使。三是安史之乱后到唐王朝灭亡（763～907年）。安史之乱爆发，中原为乱兵盘踞，淮、汴断绝，运道不通，京师常常出现粮食供应匮乏，军民乏食，有岌岌不可终日之势。为了恢复和加强漕运，唐肃宗即位之初，就迅速扩大转运使的权力。至德年间（756～757年），任命元载为度支郎中后，又升为户部侍郎、充度支、江淮转运使。唐代宗宝应元年（762年），刘晏以户部侍郎兼京兆尹，出任度支、盐铁、铸钱等使。《旧唐书·刘晏传》称"支盐铁兼漕运自晏始"。晏受命于危急关头，但在他励精图治下，扭转了危急局面。他在扬州等地设立巡院，自置巡院官吏，使转运使又自成一个新的系统。德宗建中元年（780年）及贞元二年（786年），宰相杨炎和崔造都先后提出撤销转运使建议。德宗亦曾两度将漕运拨归尚书省统管，但尚书省仅受其名而不管其事，故此，过了不久，转运使仍沿设不改。

开元、天宝之间，由于社会秩序安定，漕运以"富户"负责押运。安史之乱后，由于社会秩序动荡不安，漕运物资常遭劫取。为此，唐朝政府于永泰、大历年间（765～779年），特任命河南副元帅王缙于东都至淮泗间，夹河两岸每两驿置防援300人，由政府分给他们附近肥沃良田耕种，以供给养。他们的职责是保持漕船的安全，捕捉劫船之人。但对漕运干扰最大的还不是百姓，而是藩镇劫运事件。到刘晏任转运使时，这种情况已严重到"挽漕所至，船到便留"的地步。为适应这种新情况，刘晏不仅改漕粮由民船运输为"官船"运输，而且还把船编成组，当时称为纲。刘晏时把10只船编为一纲，每纲除篙工50人外，还设置官兵300人，以保护漕船的安全。韩滉以后，运纲的组织工作一度改由沿河节度使负责，直到贞元五年，巡院才收回这一权力。

北宋统一南方后，漕运数量有很大增加，但由于制度不健全，又影响了漕运进一步的发展。为了适应新形势要求，宋政府于淳化年间（990～994年），派杨允恭等赴淮南主持漕运，但该司没有监督、协调各路的职权，结果管理问题层出不穷。宝元元年（1038年），发运司已成为领导、监督和协调东南各路漕运的最高机构，剥夺了各转运司分担的漕运工作。结果，发运司事务繁重，管理混乱，无法及时处理各种问题，而各转运司则荒于配合，它给漕运带来不利影响。庆历三年（1043年），经范仲淹的推荐，许元出任东南六路发运司判官，主持漕运，其后又升任发运副使和发运使。他在位十三年，对漕运进行重大改革。规定凡东南六路每年上供京师粮食财货，由转运司负责组成纲运。北宋初以来，由十船组成一纲，由使臣或军大将主管。李溥为发运使，改为30船为一纲，仍由使臣军大将三人掌管。从上述看来，宋代漕运建制大体上是这样的：中央三司使总领漕政，各级转运司（漕司）负责征集，发运司负责运输。

元代漕运分内河漕运和海运两大系统。海运最高管理机构是中书省，其"左司"下辖"粮房六科"中的"海运科"为具体办事机构，其下设南方"承运"系统和北方"接运"系统。南方承运系统称"海道都漕运万户府"（府治平江，今江苏苏州）；北方接运系统称"都漕运使司"（驻直沽河西务）与"京畿都漕运使司"（驻大都）。都漕运使司主要负责接纳海道粮，兼及其他各路南来物资。京畿都漕运使司负责将南来粮物运入大都各仓。南北两大系统各自拥有布局合理的粮库。

内河漕政的管理于至正十九年（1359年）才趋于完善，江淮都漕司负责江南至瓜洲（在今江苏六合）段，京畿都漕运司接收前司漕粮，负责中滦（今河南封丘南，黄河北岸）至大都粮运。两司各于其关键地设行司、分司，以求上下衔接。

明代漕运的组织与管理有个发展变化过程。在中央，最初设置有京畿都漕运司，以漕运使负责。后罢废漕运使，另设置漕运府总兵官。景泰二年（1451年），开始设置漕运总督，与总兵官共同管理漕政。除遮洋总之外，尚有漕运11总：南京卫2总，江南直隶卫2总，江北直隶卫2总，浙江都司1总，中都留守司1总，江西都司1总，山东都司1总，湖广都司1总。天顺后定11漕总下漕卒为121500余人，运船11775只。另有遮洋总（海军）7000人，海船350只，专职漕粮运输，称之运军。至万历年间，漕卒数和漕船数有变化。据王在晋《通漕类编》记载，此时仅有漕卒118227人，漕船11235只。遮洋总，时已停罢。漕总之下是漕"帮"。帮是漕船运输编队。每帮设有领帮官员。在地方，以府佐、院道和科道官吏及县总书等掌管本地漕事。中央户部和漕运府派出专门官吏主持地方军、民粮船的监兑和押运等事。州县以下由粮长负责征收和解运。粮长下设解户和运夫，专供运役。

为了把征收的漕粮顺利、快速运到北方，清王朝沿袭明制，设置了一套完备的执行机构，在北京和通州设有仓场衙门和坐粮厅，在淮安设有漕运总督衙门，各省设有粮道衙门，各州县收漕有专设机构。就各级官吏职权区分，大致可以分成为六类：监督巡查官、征收及监兑官、押运官、领运官、催趱官、监收及漕仓官。各级官吏，按其职权分别负责，从向税户征收起，至京通交仓止，制度严明，自成一个独立的体系。

以上各漕事官吏,在中央一级归户部主管。户部内设云南清吏司,除管理云南钱粮外,兼理全国漕政事宜。在户部尚书之下,云南清吏司就是设在北京的漕政直辖机关。以下,就六类官员职责作些介绍:

其一,监督巡查官:包括漕运总督、各省粮道、巡漕御史、河道总督和各省巡抚。

中央政府任命漕运总督一人,是总管漕运之官,驻扎淮安。凡佥选运弁,修造漕船,征收漕粮,兑运开帮,过淮盘掣,催趱重运,抵通稽覆,查验回空,覆勘漂没,督追漕欠及随漕轻赍行月等项钱粮,由漕督总揽政令。凡直隶、山东、河南、江南、江西、浙江、湖广等省经理漕务文武官员,都受他的管辖节制。

各省粮道:山东、河南、浙江、江西、湖北、湖南各设督粮道一人,江南设江安、苏松粮道两人。他们的职责是:总理通省粮储,监督一省漕粮的征收、起运。江安粮道驻江宁,苏松粮道驻常熟,山东粮道驻德州,河南归其兼理,江西、浙江、湖南、湖北四省粮道并驻省城。新漕开兑,粮道监仓亲验,并监督兑粮上船,押运北上。山东、河南二粮道,押运粮船抵通州交卸,其余各省粮道押运过淮盘验之后,即回任料理新漕事项。乾隆四十八年(1783年)后,改令各省粮道俱押运粮船抵临清盘验,然后回任。粮道除上述任务处,并统辖各该省军卫遴选领运千总,佥选运军,监造漕船等事宜。

巡漕御史:顺治初年,设巡视南漕御史一员,北漕御史一员。雍正七年(1729年)增为四员,分驻淮安、通州。乾隆二年令一员驻通州，负责巡查通州到天津一段运输；一员驻天津，负责巡查天津到山东、直隶交界处一段运输；一员驻济宁，负责巡查山东境内运输；一员驻淮安，负责巡查长江以北至山东界一段运输。凡是催趱漕船、弹压运丁水手、疏通运道及一切漕务事宜，四御史各按辖区巡游察访。

河道总督及各省巡抚：河道总督主要是监督沿河文武官员挑浚淤浅，修筑堤岸，保持运道畅通，同时负有催趱漕船挽运责任。各省巡抚则督催所属完纳漕粮交兑开船，并负责查禁水次折干盗卖、棍蠹把持官役勒索等各项弊端。

其二，征收及监兑官。征收漕粮事宜由州县正官负责。为预防浮收勒折，更定州县官坐仓监收制度。州县官因公外出时才能委派佐贰官监收。粮多区域，州县官一人不能兼顾，得派书吏代收，但须令署内亲戚家人坐仓看守，以重责任。州县漕粮兑交上船，由各府委派同知或通判监兑。凡有关米色好坏，兑运迟速，皆监兑官之职责。其运丁勒索、吏胥舞弊、仓棍包揽以及掺和诸弊，都由监兑官负责严防。兑粮上船，并由监兑官员亲督到淮。

其三，押运、领运及催趱官吏：押运主要由各省粮道主管。后因粮道总理一省粮储，任务繁重，各省又兼设押运通判。计山东、河南、湖北、湖南四省各设1人，江西2人，浙江3人，江南7人。后又进行分工，漕船运粮北上由各省粮道押运，漕船到达通州，出具粮米无亏印结，任务即告完毕，然后由各通判负责将漕船押回本地，谓之回空。

领运官：挽运漕粮由各地卫所军承担，领运即由各卫所守备、千总负责。卫所军挽粮北上，船数10只编为一帮，全国船数千只，编为121帮，每帮设领运守备或千总1~2人，负责领运事宜。各省卫所帮数时有变动，或增或并或分，历年不同。乾隆以后逐渐固定下来：直隶卫所4个，领运千总4人；山东设5卫2所12帮，卫守备1人，守御所千总4人，领运千总24人；江南设16卫49帮，卫守备8人，领运千总98人，卫千总2人；浙江设8卫3所10帮，领运守备2人，守御所千总1人，领运千总20人，卫千总2人；江西设4卫8所14帮，领运守备3人，守御所千总8人，领运千总17人，卫千总8人；湖广设10卫3帮，领运千总13人；白粮共5帮，领运千总10人。总计设43卫、17所、93帮，卫守备9人，领运守备5人，守御所千总13人，领运千总186人，卫千总12人。每帮设领运千总2员，2人轮流领运。一员领运当年漕粮赴通州交兑，一员留省预备领运翌年新粮。每帮设随帮一人，专司押空。领运职务，在督率运丁修理漕船，监督帮船按期挽运，管束运丁水手不使滋生事端，并负责严禁帮船挟带私盐盗卖漕粮诸弊。

催趱官职责，主要是督催漕船如期开行，以防拖延迟误。漕运河道两总督、巡抚御史，以及各省巡抚，都兼负有催趱漕船的任务。沿运道重要处所复设有催趱专官，如山东寿昌、东昌等处均遴选专员驻扎，各按河汛往来催趱；如安徽繁昌县获港司巡检之兼司催趱。各重要闸坝，则派遣委员照应漕船过闸及催趱诸事。嘉庆十三年（1808年），漕务委员多至八十余人。沿运道的文武官员都负有催趱漕船的责任。距离卫所遥远地方，另委专员负责。沿运道的知州知县，则负责辖境以内催趱事宜。通州坐粮厅则兼负河北运道内漕船催趱职责。

漕船开行，每船在各段运道逐日行驶里数、某月日到达某地，都有规定。沿运道负责催趱文武官员，一俟漕船入境，即须按规定时日催行，不得任使漕船停留。漕船在何省延误，由该省巡抚查出催趱不力的押运领运等官弁参奏惩罚。

其四，监收及漕仓官。漕粮运抵京通，兑收上坝及运交仓库，手续纷繁，官员众多：设有总督2员，坐粮厅官2员，大通桥监督2员，仓监督、书办、攒典等员役。他们各自职责分述如下：

仓场设总督2员，满、汉各1人，以户部侍郎充任。仓场衙门平时设于崇文门外，粮到境时出巡通州，总理一切漕务事宜。漕运总督、各省督抚和沿途文武各衙门，凡有关漕务应上报户部的文件，俱照报部式样报仓场。各省粮道并沿运道地方文武官员，都受仓场总督管辖。仓场总督每年春季出巡，查看五闸河道，点验河南经纪、车户和拨船等，以便新粮到坝起运。漕白粮船抵通日期，起过漕粮石数，每隔五日须具折奏报。各帮漕船完欠情形，须造册送户部查复。有未完解省份，将该省巡抚粮道一并题参。各仓监督亦听仓场总督考核。

坐粮厅官2员，满、汉各1人，以科道部郎等官简任，两年任满更代。衙门设于通州新城内，下辖石坝州判1员，土坝州同1员，通济库大使1员，通流闸闸官1员，庆丰闸闸官1员。坐粮厅职责，诸如监督挑浚北河淤浅，催趱北河重、轻漕船，督令经纪车户转运粮米交仓，兼督通济库收支轻赍由闸等项银两等。

大通桥监督2员，满、汉各1人，衙门设于东便门外。其职务专经管运到石坝的漕粮米石，抽验斗量，并督催车户分运各仓库贮存。

仓监督：京通共计15仓，每仓设监督2员，满、汉各1人，职务是监管仓库，巡查防弊。汉监督由候选道府的同知、知州等官派选，满监督由各部院笔帖式中差遣。乾隆元年，监督改由各衙门现任员外郎主簿或内阁中书部院监寺属官拣选补放。各仓监督原定一年差满更换，雍正元年定：各监督在任内有操守清廉粮储无亏者，得连任三年。又每仓各设都统或副都统一员，御史一员。都统职责系在仓监放八旗甲米，御史则于各仓收米放米的时候，逐仓纠查，防止弊端。

京通各仓，另设书办、攒典等若干在籍有编制的官吏。此外，在每个漕务机构之下还豢养着难以数计的各种杂役吏胥。

漕粮关系京师官员及八旗士兵供应，对有关官吏制定了严格的赏罚制度。顺治十二年（1655年），制定漕务官吏考成则例：（1）关于漕粮征兑，若不能及时征兑，经征州县卫所各官，分别罚俸、住俸、降级、革职、责令"戴罪督催,完日开复"。(2)关于到淮盘验,粮船到淮,盘验之时如发现粮额不足或米质不纯,监兑官及押运官分别治罪。道、府、厅不揭报者,照失察例议处。(3)关于漕船沿途运输,令沿河镇道将领,遇漕船入境,按汛地驱行。"如催趱不力,听所在督抚纠弹"。(4)关于粮船抵通州,押运官及运船须出具粮米无缺印结,若粮米有亏或米质不纯,令旗丁赔补,并将押运官治罪。但由于每一个有关漕务衙门的官吏都把办理漕务视为利薮,尤其清中叶后,伴随政治腐败,漕官贪污日益严重。

3 漕船的建造

漕粮不论从关东运往关中也好,由江淮运往长安也好,从东南运往北京也好,船是必需的运输工具。因此,历朝统治者对漕船的制造都十分重视,由政府设立船厂监制。

汉初,政府命河南以东造舟500艘,每年从东方运粮食至关中。其时,每年不过运关东粟数十万石,以补给京师。至武帝时,由于京师用粟渐多,每年才从关东运400万石粟以补给。

唐代,刘晏受理漕政后,在扬子设立10个船场,负责专造漕船,以满足代宗时漕运的需求。

北宋政府由于每年需要从江南一带运输大量粮食和其他物资补给京师,需要大量船只投入运输,所以,其造船规模宏大,工人众多。据《宋史》记载,到至道（995～997年）末，诸州岁造船额达3237艘，天禧（1017～1021年）末，岁减造船421艘，但年造船数仍在2900艘有余。

宋代，漕船的制造有定制。宋高宗建炎四年（1130年）户部规定：建造漕船以500料为率。"料"系宋代计算船的载重单位，可解释为"石"或"硕"。

到了南宋，漕船的建造已退居到极不重要的位置。诸州船场的钱物材料工匠等，都"转易他用"，政府所用漕船大半取办于民间。

元代的漕船有两类，一为内河运输用的漕船，一为海上运输用的海船。

元代建都大都，京师的粮食及其他物资都仰赖于东南，因此发展航运有极其重要意义。元初，南粮北运是依靠原先运河作主要漕路，为增加南粮北调数量，至元二十年（1283年），命三省造船2000艘，于济州河运粮。因这条漕路迂回艰苦，不久后放弃，故内河漕船未得到充分发展。

元代的漕粮运输主要是依靠海运，海船发展迅速。至元十九年，丞相伯颜建议用海船运粮，于是元世祖令上海总管罗壁、朱清、张瑄等人，造平底船（即沙船）60艘，招募艄公水手，开辟海运，第一次运粮46000余石至京师。自此后，运量逐年增加，到武宗至大二年（1309年），又增至246万石，文宗天历二年（1329年），再增至352万石。海运一直持续到元末。朱清、张瑄初行海运时，大船不过千石，小船不过300石，若所有船的载重量按1000石计算，运352万石粮食需3520只海船，如海路一年可走两趟，也得海船1760艘。可见，用船量之多。延祐（1314~1320年）以后，由于船型的不断改进，以及造船技术不断提高，海船载重量有明显提高，大船可载八九千石，小船亦可载两千余石。在短短30年间，海船载重量提高如此之快，可见元代海船制造业的发达，以及造船技术的精湛。

元代时河漕船规制，据《天工开物》记载：底长五丈二尺，其板厚二寸，采巨木，楠为上，栗次之。头长九尺五寸，梢长九尺五寸，底阔九尺五寸，底头阔六尺，底梢阔五尺，头伏狮阔八尺，梢伏狮阔七尺，梁头十四座，龙口梁阔一丈、深四尺，使风梁阔一丈四尺、深三尺八寸，后断水梁阔九尺、深四尺五寸，两廒共阔七尺六寸。

元代遮洋粮船，造型类同里河漕船，唯船长较漕船多一丈六尺，宽多二尺五寸而已。照此推算，元代小型遮洋船规制大致是：底长约六丈八尺，底阔约为一丈二尺。

另一种沙船式海运船叫钻风船。其属小型海运粮船，因其能驶入风内，迎风而行，故得名。

粮船建材方面，多根据其部位及功能不同，选材亦有区别，桅用端直杉木，梁与枋樯用楠木、楮木、樟木、榆木、槐木，舵杆用榆木、榔木、楮木，关门棒用桐木、榔木，橹用杉木、桧木、楸木。

此外，船上桅、篷、舵、锚的配置，元时均有规制。如凡船身将10丈者，立桅必两树。中桅之位，折中过前两位，头桅又前丈余。粮船中桅长者以8丈为率，短者缩十之一二。其本入舱内亦丈余。悬篷之位约五六丈，头桅尺寸则不及中桅之半，篷纵横亦不超三分之一；凡风篷尺寸，其则一视全舟横身，过则有患，不及则力软。凡船篷其质乃析篾成片织成，夹竹条，逐块折叠，以俟悬挂。粮船中桅篷，合并18力，方能升到桅顶；凡舵用直木一根（粮船用者，围3尺，长丈余）为身，上截衡受棒，下截界开衔口，纳板其中如斧形，铁钉固拴以障水。梢后隆起处，亦名曰舵楼；凡铁锚以沉水系舟，一粮船计用五六锚。最大者叫看家锚，重500斤内外。总之，元代的粮船造型坚实牢固，用料配备齐全，且桅、篷、舵、锚均有固定的配置。

明代漕运使用浅船，船由官府拨款打造，明前期，漕粮无定额，漕船亦无定额。永乐十三年（1415年），支运法实施时，约有漕船5000艘，其中3000艘"专于淮安仓支粮至济宁交收"，另2000艘则于济宁运粮至北京。宣德时，漕运量最高年份达600万石以上，所需漕船约15000艘。至景泰时，明政府拥有漕运船约16000艘。天顺（1457～1464年）以后，"始定天下船数为一万一千七百七十五艘"。成化二十三年（1487年），议定每岁漕粮400万石，所需漕船约10000艘。嘉靖年间，有漕船约11800余艘，还有遮洋总海船548艘。

洪武年间，为适应海运和河运发展的需要，每年都要计划增添运粮船只，这些船"俱派湖广、四川诸省产木近水州县,军民相兼成造"。永乐年间(1403~1424年),建清江、卫河两船厂。清江厂负责造南直隶、江西、湖广、浙江各总浅船;卫河船厂负责造海船及山东、北直隶各总浅船。宣德六年(1431年),随着改兑法实行,明政府议定湖广、江西、浙江、江南直隶各总浅船,俱归原卫成造,清江厂只负责造南京、镇江、江北诸卫浅船。所以,除清江厂之外,还有京卫三十四厂,中都十二厂,直隶十八厂,卫河十八厂;卫河厂还负责建造遮洋总和山东都司粮船。嘉靖三年(1524年),山东都司和遮洋总粮船归并到清江厂建造。

嘉靖以前,各总司和都司漕船定额为:南京二总为2130艘,江北二总为2542艘,中都留守司为887艘,山东都司为776艘,遮洋总为548艘。按规定各总司和都司的船只使用期为10年,每年更造漕船为总数的十分之一。即南京二总年更造船213艘,江北二总年更造船254艘,中都留守司年更造船88艘,以上总、司年更造船由清江厂制造;山东都司年更造船77艘,遮洋总年更造船54艘,以上两处年更换船由卫河厂制造。

漕船有一定的船式,按规定浅船每只:底长五丈二尺,头长九尺五寸,梢长九尺五寸,底阔九尺五寸,底头宽六尺,底梢阔八尺,梢伏狮阔七尺,梁头十四座,底栈每一尺四钉,龙口梁阔一丈、深四尺,两廒共阔七尺六寸,使风梁阔一丈四尺、深三尺八寸,后断水梁阔九尺、深四尺五寸。

遮洋船船式：底长六丈，头长一丈一尺，梢长一丈一尺，底阔一丈一尺，底头阔七尺八寸，底梢六尺，梁头十六座，头伏狮阔一丈，梢伏狮阔七尺五寸，使风梁阔一丈五尺，深四尺八寸，龙口梁阔一丈二尺、深四尺八寸，后断水梁阔九尺五寸、深六尺，两廒每边阔四尺五寸，底栈每一尺四钉。

除船式外，对每船合用物料亦作了详细的规定，本文从略。

明政府对造船虽有所规定，但清江、卫河提举司和各行省造船，无论造船体制，船只更造期限，或是船料派征的方式，都存在着许多差别。就清、卫造船而言，是采取在厂内团造的方法进行。

据《漕船志》记载，漕船的造价先后略有变动。成化元年至十五年间，每造一艘新船，给银120两；成化十六年，户部会官议定，清江、卫河二提举司岁造船660余艘，每艘计银100两。弘治元年（1488年），每艘船造价恢复到120两银。弘治十六年（1503年）后，每船官府给价，大体上维持在银65两，其余不足部分由漕军负担。漕军由于负担过重，纷纷逃亡。弘治八年后，各省造船，船料按"军三民七"派征。湖广、江西、浙江、南直隶四总运船的"民七"部分，由地方政府向百姓征收，解布政司收贮；"军三"部分，由卫所各扣运军月粮抵数，军料解都司收贮。

清代，运粮漕船数，因时期而不同。康熙以前全国漕船共14505只，雍正以后逐渐减少。雍正四年（1726年）为6384只，乾隆十八年（1753年）为

6969只，嘉庆十七年（1812年）为6384只，道光九年（1829年）为6326只，咸丰元年（1851年）为6296只。

按咸丰元年《户部则例》记载，各省粮道船额为：江安粮道2561艘，苏松粮道657艘，浙江粮道1067艘，江西粮道636艘，湖北粮道180艘，湖南粮道178艘，山东粮道646艘，河南粮道371艘。

雍正以后，历年出运漕船数以6000多艘为常，但呈减少趋势。漕船减少原因主要由于田亩荒废，漕粮减少；亦有因漕粮截留不须北运而裁减漕船，或因运丁贫乏无力继续挽运而裁汰，或因船多米少而裁汰。

清代漕船的打造设有专门造船厂。较大造船厂，如江苏的淮安、清江、江宁，湖北的武昌、汉阳，山东的临清，浙江的仁和、钱塘。运粮多的卫所，如安庆、新安、宣州、建阳、金山、镇江、苏太、镇海等卫，以及江西各卫所，则按船发给各丁料价，由运丁在当地设厂打造。江淮、兴武、庐州、凤阳、滁州、徐州、淮安、大河、扬州、仪征等卫船只，则分赴清江、江宁等厂打造。浙江省各卫所船只，按成例于仁和、钱塘两厂打造。雍正二年，改由粮道发给银两，令自行打造。湖南、湖北各卫所船只，由粮道将料价分发武昌、汉阳两粮厅，在武汉两厂均分打造。山东省各卫所船只，原在淮安山东厂打造，后裁淮厂，发给各丁银两自行制造。兑运河南省漕粮的为徐州卫河南前后两帮船，共船106只，向在淮安清江厂打造，乾隆年间改在临清坞及戚城打造。

清政府对漕船极为重视。打造之时，政府派遣专官监督，或由各卫守备监造。漕船造成之后，须将监造官和匠作姓名及打造年月等刻凿于船尾，更由漕运总督衙门查验，加打印烙。查验共分九项：验木，查看木料是否合乎规定标准；验板，查看船板厚薄是否合乎规制；验底；验梁；验栈；验钉；验缝；验舱法；验头梢，查看船的坚牢程度，防止工匠侵欺使假。如造船不符合规制，或配用旧木料及杂木，或灰捻不紧密，将监造官题参议处，并令与旗丁一体赔造。

清代漕船大致可分为三种，江西、湖南、湖北三省的漕船叫江广船，江南、浙江的漕船叫江浙船，山东、河南的漕船叫浅船。江广船行经长江，船身最大；江浙船须经太湖，容积次于江广船；山东、河南浅船容积较小。

江广船和江浙船容积屡次变更，康熙年间（1662～1722年），各省船只相同，以装米400石为标准。康熙二十一年，规定船长为71尺。雍正二年改定规制，江广船行经长江，有波涛之险，令将船身加长为90～100尺，实际容积皆在1000石以上。

船身大小虽有定制，各卫所运丁在打造新船之时为多带商货，每私将船身加大。船身既重，水小易于搁浅，航行极不方便。雍正二年，江苏布政使郑尔泰因上疏请改造船式，说旧式漕船，每船装额米600石外，皆供运丁揽商载货，船大行迟，有碍航运。他建议改造舭子式新船，船窄而长，易于运行，容积以1000石为准，内装漕粮600石，运丁行月口粮100石，带商货 300 石，如此既便于督运，也有利于商民。

雍正所定规制，漕船仍然偏大，吃水太深，运行不便。乾隆五年，清政府下令各省督抚筹划，酌减漕船尺寸，恢复雍正间旧制，嗣经阿桂议准：江广船长 95 尺，深 6.9 尺，吃水 3.9 尺，并将吃水线刻在漕船浅板上，随时查验。目的是预防运丁超带土宜，致影响运输。

关于漕船尺寸大小，乾隆中期以前吏治严明，所定规制尚能维持。嘉庆年间（1796～1820 年），私弊渐多，运船容积日益增大，动辄搁浅，于是再次下令将船身缩小，各省船只尺寸大小如下表：

嘉庆间定各省漕船尺寸表（尺）

省　别	船面全长	中阔	船底长	栈深	篷高
江南、浙江船	80	15.0	59	6.0	2.8
江西、湖北、湖南船	90	16.5	70	6.6	2.8
山东、河南浅船	71	14.4	52	4.4	2.8

资料来源：咸丰《户部则例》，卷 22。

道光四年，两江总督魏元煜再次请制定漕船吃水尺寸，湖广船以吃水 4.3 尺为度，江浙船以吃水 3.8 尺为度，较乾隆所定增加 4 寸。容量虽不及嘉庆船，但比乾隆船可多装米货 200 多石。

关于漕船载运米额，因时期而不同，康熙年间每船以装载 400 石为准，雍正年间（1723～1735 年）增为 600 石，但实际载量在 1000 石以上。嘉庆四年，江西漕船每只装米至 1263 石。该省漕船之所以载重过大,乃由于帮船运丁为增加收入,要求裁减漕船40只,将该40船原载米石分装各船之故。据该省帮船运丁呈报,每船除原装米石及土宜外,尚可增载200～300石,是时每船可载重1400～1500石。

漕船的更新以十年为期,由国家发给运丁部分料价银,不敷部分由卫、帮自己筹措。为使卫帮对造费的负担逐年平均,不使一年全部重造,令各卫所每年抽造十分之一,每届十年全帮船轮造完毕,谓之"加一成造"制。

运满十年的船只叫满号船。为保证航运的安全,满号船不准继续出运。但也有特殊情形可以放宽多出运一次。如嘉庆二十至二十一年,浙江台州卫满号船13只,宁波卫满号船12只,虽满十年,船身仍甚牢固,都继续出运一年,缓俟下年成造。但多出运须经官府批准。

还有,因特殊情形而运船延缓成造的,一是新船赶造不及,得雇民船接替,但以一年为限。一是运丁屯田发生灾荒,经济困难,而漕粮派入截漕或轮减案内而停运的,漕船也得缓造。

漕船出运不到十年而损坏的,追惩监造官和承造工匠。雍正十三年(1725年)定:漕船毁坏处理条例规定:如运过五六年者责令赔造,运过七八年责令买补,运到九年者责令雇船代运。

制造新船,料价由政府发给,打造费由关税、运丁行月银米节余,漕粮轻赍银及芦课等项银两拨补。每船料价各省多寡不同,至康熙十六年,始划一为银

208.774两。轮造之年，由各省粮道按船数拨给。各省排造漕船每用过工料银两，俱入漕船奏销册内送户部查核。

清朝初年，造成一船已需银600～700两，后来物价昂贵，造费增到1000多两。但政府仅发给料价200余两，不敷成造，不能不另给津贴。江淮、兴武二卫，每新造一船另给钻夫银50两，底料银51两，后又有清屯加津银174两。以上各款与料价银合计为银400多两，仍不敷甚巨。嘉庆二十三年，有运丁自造船495只，赔垫款项甚多，请准每船酌加造费银300两。政府为长久之计，将两淮盐规运费银及江安、苏松两粮道库存银提出14万两作造船基金，贷给商人，令每月一分起息，将每年所得息银按船贴补，计每年息银16800两，以14850两贴补造船。道光三年，将特别贫困的淮安卫头、二两帮按船贴给津造银150两，每年轮造十只需银1500两，即由此项息银提拨。

苏州、太仓、镇海三卫之船，十年大造，每船实需银1600～1700两，除由官府例给料价银外，尚不敷银1300两。其中一部分向政府借贷，一部分向造船卫所征收，并由同伍什军共同协助公帮银弥补。通常以由通帮协济的银钱最多，造船一事在运丁方面成了一种沉重负担。

卫所运船造费公帮部分，全赖屯田收入。田多的卫所尚可交应，田少的卫所颇感拮据之苦。如浙江各卫帮，每帮只有屯田100多亩，且非产木之乡，料价甚贵，国家所发料价不敷甚巨。乾隆五十九年定，每届造船时津贴公借银360两，由各该省粮道库借垫，购买船料，俟后由运丁行月粮内扣还。运丁打造新船，赔垫既多，力不能支。嘉庆十六年，定每船除原发给料价银208两外，另贴给银590余两。

除打新船给造费外，另给修舱银两，以新船第二次出运开始支给，逐年递增，至第10运为止，作为漕船修理费。运丁漕船每年所领修舱银额，各省不尽相同。嗣后稍有改变，康熙二十年，各省漕船每出运一次，支给修舱银7.5两。山东济宁等卫所自备之船，所给修舱费较多，每出运一次给银27.97两。该款由各省粮道库支付。但政府所给修舱银两每不敷用，旧船回次，小修需银数10两，大修多至100两，故每次修舱运丁均须赔垫银数十两。

拨船是小型浅水船。当水浅漕船不易通行时，将部分漕粮改装到拨船上。一般河水浅阻航行困难处所，政府专设拨船以备拨运。其专拨运通州到京师一段的船叫"里河拨船"，拨运通州以南至江南运河的船叫"外河拨船"。里河拨船之制定于清初，以后很少变动。外河拨船清初仅有津通之间的"红拨"600只。康熙年间，停废红拨船，由旗丁自雇民船拨运，后改由政府封雇的制度。乾隆五十年，造官拨船1500只，停止封雇。

里河拨船，十年排造一次。造船经费，顺治十三年（1656年）定土坝石坝白粮拨船每船给成造价银298两，大通桥拨船每船给银200两，其款于通济库积存桥坝办公银内拨给，然后于经纪车户应领脚价内扣还。后以物价昂贵，原拨价银不敷成造，造费递年增加。石土两坝之船，嘉庆三年，增为458两，同治五年（1866年），增为779两，同治八年，复增为1091两。大通桥之船也增为574两。造船费用庞大，经纪车户应领脚价有限，势难扣抵，后改由江西、湖北、湖南、江浙等省轻赍项下按年解部，作为造船经费。

外河拨船也十年一次排造。排造费用，直隶拨船起初由政府拨款。乾隆五十年改由长芦盐商捐款银37万成造。嘉庆元年凡满十年排造限期时，改为由天津道所贮油舱银、各直省藩库银及商人捐款三者共凑足银305000两排造。嘉庆二年制定预筹造船银法，每年向富商派捐银30400两，积10年本息银合计为37万两，作为历年排造经费，后以为常。嘉庆十六年，直隶另增拨船1000只协运，由山东盐斤加价项下拨款成造。其后山东、江南、黄河各处拨船，成造经费或由运粮漕船均摊，或向富商捐派，视当时情形而定。

外河拨船由沿运河各州县保管，如直隶先造拨船1500只，其中天津县分管360只，通州分管240只，武清县分管220只，静海县、沧州各分管80只，青县、南皮、交河、吴桥、东光诸县各分管60只，大城、文安县各分管40只，任丘、新安各分管30只，香河、雄县、霸州、安州各分管20只。漕船未到之前，各拨船即开赴杨村等候起拨，拨完仍驶归原管州县水次收管。山东拨船分交附近之德州、恩县、武城、夏津、临清等五州县分管，每县60只。黄河口至台庄拨船交山阳、清河两县分管。江南拨船又称淮关船，由河厅及清河县分管。

五 漕运与中国社会经济

中国古代漕运，是在政治中心远离经济中心的情况下产生的，又是在商品经济不发达的情况下得以发展和延续的。因此，漕运对中国古代社会具有特殊的作用和意义。

1. 漕运关系到一个朝代的兴衰更替

漕运对中国历代王朝来说，是一条生命线。全国各地经济通过转漕与中央密切地结合成为一个国民经济整体。漕运是否能顺利地、有效地进行，对一个王朝的兴盛、衰亡有极为重要的影响。下面，试对唐王朝、宋王朝的兴衰历程，作一剖析，以窥视漕运的历史作用。

唐王朝建立之初，国家实行休养生息政策，经过劳动人民几十年辛勤劳动，社会经济得到迅速恢复和发展，加上京师机构简练，对漕运需求不多。但在唐高宗之后，由于官僚机构日益庞大，再加上募兵制的推行，关中原有的经济能力已无法支撑，若依靠漕运又有三门砥柱险阻不畅,更加上洛阳以西300里陆路险恶艰难,颇伤畜力,致使漕粮补给不足。高宗至玄宗年间,发生了几次皇帝带领中央官员就食于东都(洛阳)的窘况。直到裴耀卿、韦坚等人主持漕运,花大力气开凿砥柱、疏浚汴渠、挑挖关中漕渠后,唐代漕运大兴,从此,唐王朝的中央机构才长住关中,摆脱就食东都的困境。这时漕运的兴盛,对造就开元、天宝年间文治武功的鼎盛,起到了支撑的作用。

天宝十四载(755年),发生了安史之乱,长达八年的战乱,使当时的社会经济遭到很大破坏。战后,关中地区出现了斗米千钱,禁军靠到百姓地里搓尚未收割之粟度日,宫厨则无兼时之积的上下交困状况。刘晏主持漕运后,疏汴渠、修邗沟、改革漕法,使漕运走上轨道。这时年运漕粮达40万石,最高年份达110万石。当时情况是:大量的官俸、巨额的军资、昂贵的马价等开支,"皆倚办于晏"。

唐德宗建中年间,藩镇叛乱,致使关中饥馑相仍,弄得"人心震恐"。兵燹之后,韩滉运米三万斛到达陕州时,德宗情不自禁来到东宫告诉太子:"米已至陕,吾父子得生矣。"又遣中使告诉神策军,"军士皆呼万岁"。由此可见,漕运对唐王朝是何等的重要啊!

唐宪宗的"中兴",是建立在彻底铲除藩镇跋扈势力之上的。原来藩镇势力扼控东南运道,使漕运受阻。淮西之役唐军大捷,活捉吴元济和攻杀了淄青李师道后,运道大通,江南财赋得以源源不断转漕关中,使国家经济实力大大增强,从而使唐王朝的历史又出现了一个高潮,即史书上称道的"中兴"时期。咸通年间,懿宗又通过灵渠漕运粮饷,最终平定了南诏和安南的叛乱,保卫了西南边境的安全。

黄巢起义后,东南漕运要道汴渠中断,江南财赋无法运抵长安,借东南经济力量维持的李唐王朝,在这种情况下,已处于饥饿状态之中,并逐步走向衰亡。

北宋王朝建都开封,由于没有屏障之险,国家安危只能靠重兵把守,因此漕运对其来说,具有头等重要的意义。宋神宗时,张方平对此有精辟论述。他说,今日之势,国家依军队而立,军队则以食为命,而食粮来源则依赖漕运为本。就漕运而言,又以汴河为重。因为汴河所运的是一色粳米,相兼小麦,适合于太仓储备。他又说,今仰食于官廪者,不仅仅是三军,还有京师官吏、百姓以亿万计,他们都等待着漕粮的供给。因此,国家应该把漕政放在至急至重地位。他甚至说:"大众之命,惟汴河是赖。"由此看来,似乎可以说,宋王朝如没有漕运,尤其是若无汴河漕运,是根本不可能存在的。

北宋政府为巩固统治地位,每年要从江淮运来400万石粮食,所以中央政府对汴河的整治和管理成为一切政务之首。由于中央政府对漕运有充分认识,所以对漕运有关事宜也十分重视。从而以便利的漕运,集中了全国各路州府的财赋收入,以为中央政府的经济支柱。宋政府不仅依赖东南之粟,而且还收集全国各地物资,把全国各地的经济通过漕运与中央密切结合成为一个国民经济的整体,使每一个地方的物资,都成为中央政府的一份营养剂。北宋政府通过便利的漕运，造就了北宋王朝的长期稳定和繁荣，成为当时举世瞩目的政治、经济、文化、技术大国。

至徽宗朝时，由于蔡京当政，原有的漕运良法，多被废止，如改盐法、罢转般仓等，使漕政大坏，东南入京之粟少，入太仓之粟则更少，东南积富，而发运有名无实。吕祖谦认为：这是"召乱之道也"。东南之粟入京大减，致使太仓匮乏，这实际上动摇了宋王朝立国的基础。

金人渡河，东京失守，漕运断绝，汴河亦因无人整治修浚，堤岸崩塌，汴流久绝，入京之粟与过去相比，不到百分之一。各地勤王之师正向京师汇集，但京仓无粮，将士乏食，不战自退，政府只好撤离开封南渡。北宋政府的败亡，漕运废坏是重要原因之一。

元、明、清几个王朝的兴衰，也与漕运畅通与否有着直接的关系，这里就不再详加说明。

② 漕运的社会功能

漕运开始之初，主要是为军事需要，解决士兵的给养问题。稍后，由于政治中心与经济中心相距遥远，漕运成为解决京师皇室消费、官员俸禄、军队粮饷，以及京城百姓粮食的来源。随着社会向前发展，社会赋予漕运的功能也逐渐增加。唐王朝为漕粮来源稳定，实行了和籴政策，当纳粮的州、县遭受自然灾害袭击，粮食歉收时，政府便在受灾州、县采取折收银两办法，免收粮食,而后将此钱在丰收州、县采办粮食。宋政府沿袭唐王朝的这一措施,并加以发展,使和籴制度更为健全。和籴政策的实施,又赋予漕运调剂余缺,平抑粮价的新功能。到明清时期,漕运的社会功能发挥得更为充分。以下,以清王朝为例,对漕运社会功能作一探讨。

首先,看看漕粮平粜与京城粮价情况。

京师人口聚集,各类人口数以百万计,所需粮食在200万石以上。如此巨额粮食需求,并非京师附近农产所能供应,其中漕粮的调剂起着一定作用,至有"京师民食专资漕运"之说。清政府对此十分注意,经常举办平粜和赈济。平粜是把漕粮拿到市上廉价出售,平抑高昂的粮价。赈济是用漕粮赈救贫民,或按户口配发,或设粥厂令贫民就食。

关于平粜,先是康熙四十二年(1703年)令将贮存过久食粮发往京师附近粮价高涨之处,减价粜卖。此后,雍正、乾隆两朝屡次举办。乾隆二年(1737年)京师附近旱荒,粮价上涨,特拨漕粮于五城设厂平粜,计城内六厂,城外四厂。乾隆三年,增加平粜米额。以乡民入城买米守候需时,将原设城内六厂也移于城外,每城设御史一员,实行监督。乾隆九年,复于四乡设厂平粜,派遣侍卫等官主持查办。嘉庆十一年(1806年),京畿旱荒,京城米贵,"贫民口食维艰",发米麦谷4万石,"平价粜卖,以便民食"。道光前期,平粜仍在续办。

漕粮平粜,一是在灾荒年间,一是在粮价暴涨季节。平粜价格,一般来说,每石米比市价便宜100文,或200至300文不等。所降价格较市价低10%至21%上下。

平粜政策在稳定粮价方面是起过一定作用的。如乾隆二十四年,每石梭米市价1340文,每石麦价2125文;即乾隆五十七年,每石梭米市价1350文,每石麦价2120文,前后变化不大。一直至嘉庆初期,京师粮价还相对稳定。以后京师仓储逐渐减少,京师粮价逐渐上涨,嘉庆七年,每石梭米价格已增到2900文,比乾隆年间上涨一倍,银钱比价变动虽有一定影响,国家缺粮平粜乃是原因之一。

关于赈济政策,一般只用几百石几千石米,对京师粮价的平抑作用不会很大,但对解决贫民一时之难,还是有一定作用。

其次,看看官兵俸甲米石对京师民食的调剂作用情况。

国家除从漕粮进行平粜和赈济外,如俸甲兵的米石发放,京粮的禁运,都含有调剂京师民食的意义。关于发放米石事,京师满汉官员俸米,年需38万石有奇,向在通州中西两仓支领。乾隆五十九年令将前项俸米添贮京仓,以便调剂京城民食。又如文职四品以下,武职三品以下、世职子男以下之俸米,和一部分甲米,也都定在京仓支领,京城赖有此项米石流通,民食充裕,米价平稳。道光以后,漕粮运额递减,至同治四年(1865年),江、浙两省减赋后,每年漕运额只在110万至120万石,对京师而言,供不应求,因之粮价随着上涨。光绪二十四年（1898年），米每石价银高至5两。北京粮商更利用机会抬价居奇，粮价暴涨，民间乏食，人心惶惶。漕粮关系京师民食之重要可以想见。

其三，再看截拨漕粮调剂畿辅民食情况。

畿辅紧挨着京师，清王朝为维护其统治，对畿辅治安特别注重，因此经常截留漕粮实行赈粜。如康熙二十二年，畿辅地方歉收，米价腾贵，清廷即下令："通仓每月拨米万石，比时价减少粜卖，止许平民零粜（籴）数斗，富贾不得多粜（籴）转贩。"从乾隆二年至同治十三年，赈粜30次，共计米麦4750332石。这个数字还不是完整的。又光绪四年至二十七年间，赈粜16次，共计米麦1230000石。前后共赈粜米麦5980332石。

清王朝之所以特别重视京师附近州县灾荒问题，原因在于畿辅是京师门户，关系到清王朝的统治安危。

其四，各省截拨漕粮赈恤和平粜情况。

清王朝从解决各灾区农民经济生活出发，在京畿以外各省也常截拨漕粮赈济或平粜。康熙三十年，陕西省西安、凤翔两府灾荒，次年清帝下令：将本年河南漕米截留20万石赈恤灾区。康熙四十九年，福建泉州、漳州旱灾歉收，清帝下令：截留浙江米石运闽。这样的事例，史书屡见不鲜。据杨锡绂记述，用漕粮赈济和平粜米石，康熙朝为214万石，雍正朝为290万石，乾隆元年至三十二年间达1320万石。乾隆三十三年以后，此举仍然很频繁。

清朝政府所采取的以上措施，是应该肯定的，它有助于稳定社会秩序，也有利于农业生产的延续和发展。当然，清王朝这种政策措施更有利于维护其封建统治，这是另一个问题。

3 漕运促进商品流通

漕运的发展有力地推动了东西南北商品的交流。据《旧唐书》记载，天宝二年（743年）三月，韦坚开凿广运潭竣工，并举办盛大的庆祝会，只见在潭上摆有小斛底船三二百只，各船置有各地产品，如：广陵郡船置有广陵所出锦、镜、铜器、海味；丹阳郡船摆放有京口绫、衫缎；晋陵郡船陈列有折造官端绫绣；会稽郡船陈列着铜器、罗、吴绫、绦纱；南海郡船陈列着玳瑁、珍珠、象牙、沉香；豫章郡船陈列有名瓷、酒器、茶壶、茶铛、茶碗；宝城郡陈列有空青石、纸、笔、黄连；始安郡船陈列有蕉葛、蚺蛇胆、翡翠；吴郡船中陈列有三破糯米、方文绫。各郡船只陈列不一而足。这次庆功会，充分显示了大运河及其漕运在国民经济中无与伦比的重要作用。它所输送的远不止是东南之粟，而且把全国各地物产都网罗在漕运范围之中。漕运使原来不是商品的生产物，由于有了便利的交通促使商人竞相贩运，从而成为行销全国市场上的商品。大历、贞元间，有俞大娘航船，往来在江西、淮南之间，每年走一来回，可以获取可观利润，以至成了腰缠万贯的"富商"。

宋政府为了漕运的发达，还允许漕船回空时，载盐南回，十分有利于食盐的流通。

明王朝成化年间（1465～1487年），政府允许漕船附带一定数量免税商货，数量控制在每船准带土特产10石，至嘉靖（1522～1566年）末，放宽到40石，到万历（1573～1620年）朝又增为60石。这一规定，无疑有利于南北商品的交流。

清代对漕船携带土特产的限制逐渐放宽，土特产数额伴随商品经济发展屡次增加。雍正七年（1729年），规定漕船带货于旧额60石之外，加带40石。雍正八年，又定漕船头舵工人（定额每船2人）每人准带土特产3石，每船水手合带土特产20石。至是每船所带免税土特产合计为126石。乾隆二年（1737年），临时准江南、浙江漕船增带40石。嘉庆四年（1799年），准每船增带24石，"共足一百五十石之数"。道光八年（1828年）又增为180石。至是漕船所带土特产为前明的三倍。道光年间漕船为6326只，以每船带土特产180石计算，则携带免税土特产达1138680石。数量是很可观的。

漕船所带货物种类繁多，江苏、安徽、浙江、江西、湖北、湖南等省漕船由南而北，所带商货，据杨锡绂：《漕运则例纂》记载，有如下物品：

农产：落花生、蚕豆、烟、茶等。

棉纺织品：浜布、水沙布、黄唐布、生白布、杂色布、袜子、手巾、包头等。

丝织品：各色绸缎、丝绵、丝线等。

油类：柏油、桂油、桐油、柏油、香油、虾油等。

酒类：泉酒、色酒、绍兴黄酒、花露酒等。

干鲜果品：橘饼、桂圆、蜜果、乌梅等。

各种食物：竹笋、木耳、干菌、茴香、香菇、胡椒、麒麟菜、鸡脚菜、台鲞、淡菜、藕粉、生姜、酱姜、闽姜、腐乳、皮蛋、莲肉、火腿、醋冰糖、海带、紫菜、鲚鱼等。

纸张：杠连纸、官方纸、毛边纸、花尖纸、包纸、表料纸、阡纸、荆州纸、火纸、淌连纸、油纸、辉屏纸、川连纸、沙绿纸、神马纸、黄塘纸、毛厂纸、表心纸、表青纸、申文纸、元连纸、竹棉纸、古柬纸、黄表纸、对方纸、文号纸、毛六纸、桑皮纸、古篓纸、古莲纸、九江纸、金砖纸、卷筒纸、高白纸等。

竹木藤品：木面桶、澡桶、马桶、面盆、小镜架、小漆盒、筷子、茶盘、木屐、伞、箭杆、笔管、藤鞭杆、篾罗、草席、梳子、笼子、扇子、烟袋杆、藤、篾、麻等。

各种杂货：苏木、肥皂、锡箔、蓝靛、铜丝、胭脂、银珠、松香、木香、末香、白蜡、泥人、水银、红麹、鱼鳔、石膏、牛皮、杭粉、皂矾、靛花、紫草、明瓦、灯草、漆等。

铁铜器：铁锅、铜条、铁条、包铁、铜丝、铁丝等。

药材：薄荷、陈皮、丹皮、苍术、竹叶、黄实、栀子、硼砂、砂仁、石黄、川芎、人中黄、茯苓、姜黄、黄柏、青元皮、厚朴、杜仲等。

此外有窑货、扫把、扁石、木岸、竹子、杉篙、木头等。此等商品"俱不算货",即可任意携带而不纳税。

漕船所带商货,或沿途出售,或运到北方售卖。运丁将所带各类商货沿途售给商人,商人再零星出售。

漕船到通州,交兑完毕即行南旋。漕船南下时所带商货主要是农产品及农副产品,诸如梨、枣、核桃、瓜子、柿饼、豆、麦、棉花、烟草等,手工业产品较少。携带数量,准带60石免税。仍按漕船6326只计,所带免税商品共达379560石。在规定限额之外须照常纳税,每石税银4分。漕船由北而南系回空,携带商货所完纳税额很低,每百石才收税银4两,所带商货当为数不少。

漕船除重运和回空所携带免税土特产外,其额外多带部分更多。漕船往往于沿途口岸码头,尤其是繁华市镇商货集散处所进行商贩,或包载人货物收取水脚。

每只漕船所载商货,除政府规定免税土特产外,"其夹带之货多于额装之米"。清朝嘉、道年间包世臣称:帮丁附载客货,每至一二千石。据上述记载,漕船所带商货为国家规定的数倍。漕船以道光年间的6326只计,漕船每年所带商货,可能到600万~700万石,或800万~900万石。由此可见,漕运对促进南北商品的流通发挥了巨大的作用。

伴随商品经济的发展,漕船携带商货对国民经济生活的关系日趋重要。雍正九年,江西巡抚谢明指出:

南北货物多于粮船带运，京师借以利用，关税借以充足，而沿途居民借此以为生理者亦不少。若一停运，则虽有行商贩卖贸迁，未必能多，货物必致阻滞，关税亦恐不无缺少。乾隆五十年，高宗皇帝明确批示：漕船所带货物，俱民间日用所需，若令减带，则京师百物不无腾贵。还说，京师众人所用南货，俱附粮艘装载带京，多到一帮，于国计民生，均得其益。从清帝上谕和臣僚奏议看，准许运丁增带土特产，不仅为了优恤运丁，还为了加速商品流转，满足人民需求。此后，包世臣说：南货附重艘入都，北货附空艘南下，都是日用必需品，河运通则货贱，河运阻塞则货贵。从包世臣所说，反映出漕船携带商货对南北人民经济生活所起的巨大作用。

关于私商通过运河进行贩运，有不少记载，乾隆年间有人指出：商贩船只，亦资利济。还说，向来南省各项商贾货船，运京售卖俱由运河经行。运河的转输功能和利用率是很可观的。运河一旦阻塞，南方之货物不至，北方之枣豆难销。可见运河是一条沟通南北商货的重要渠道。

漕运促进商业城市的发展

古代商业城市的发展有几种不同情形：或基于工农业生产的发展；或系政治中心而人口密集；或系水陆交通要冲，人民过往频繁。沿运河工商业城市的发展，则同运河联系在一起。沿运河城市，过往行人众多。以漕运本身而论，除众多的催趱、押运、领运等官员之外，还有七八万之众的舵工水手和众多的纤夫，及防河官兵，等等。此外有成批的商船，有众多的客商，每年经过运河南来北往之人难以计算。因此，沿运河市镇很多便成为商货集散地，发展成为工商业尤其是商业城市。

沿运河商业城市的发展为时甚早，如战国时的大梁（今河南开封县），汉时的濮阳、定陶、邺，隋代的扬州、汴州、润州（今镇江）、魏州（相当于现在大名府）、幽州（治所今北京城西南），唐代的扬州、汴州、洛阳、江陵、豫章、广州等，宋代的开封、临安（杭州），元代的朱仙镇，明清时期的扬州、高邮、淮安、济宁、临清、德州、天津等。下面举几个城市的发展变化加以介绍，作为示例。

扬州，唐代称广陵，地处南北大运河与长江交汇点，商业繁盛，在这时已"百货所集"，"列置邸肆"，富商大贾，"动逾百数"。唐代在扬州行销的商品，除农产品外，有漆器、玉器、铜器、佛像及各种药材。书称："扬一益二，谓天下之盛，扬为一，而蜀次之也。"宋元时期，扬州城市规模扩大，同各地经济联系日益加强，东南西北"十一路百川迁徙贸易之人，往往出其下，舟车南北日夜灌输京师者居天下之七"。明初经过战乱，商业一度衰落，成祖以后，伴随漕运频繁，商业又趋繁盛，在城东商业区加筑新城。商业发展之速，具体反映于钞关商税增加。万历时扬州商税银13000两，明末增加到25600两，盐税尚未计算在内。

扬州商业，到清代又有进一步发展。商业发展与漕运河道的关系，清代人认为，漕盐河三者称"东南三大政"，扬州则"地兼三者之利"，史称"其视江南北他郡尤雄"，"为东南一大都会"。商贾聚集，户口繁衍，乾隆年间，"四方豪商大贾鳞集麇至，侨寄户居者不下数十万"。

扬州的商业繁荣，首先反映了城内商业网点增多，店铺林立。据李斗《扬州画舫录》称：自天宁门至北门，沿河北岸建巧房，仿京师长连短连廊下房及前门荷包棚、帽子棚做法，谓之买卖街，令各方商贾辇运珍异，随营为市；便益门至天寺，则设棚以备随营贸易，称为十三房；小东门街外三里长的街道上市肆稠密，去集百货，繁华又甲两城（指新旧两城）。由于商业繁盛，这里地价高涨，有寸土拟寸金之说。

扬州商业繁荣，同食盐的转运也有一定的关系，每年大量淮盐集中到这里，然后再发往各地。乾、嘉年间，聚集在这里的众盐商，拥金百万以下者还被认为"小商"。徽籍扬州商人汪廷璋"以盐策起家……富至千万"。

与此同时，扬州又发展成为东南沿海各地的重要粮食集散市场。以税收而言，从乾隆七年至十年，每年粮食税的收入占扬州关每年关税收入32.7%，粮食贸易在扬州商业贸易中占据十分重要地位。

随着商业的发展，各种专业性市场也在兴起。如罗湾街以出售箩筐、竹篮子为主；翠花街以首饰店多而得名；缎子街以多绸缎店得名；此外还有新衣街、皮市巷、铁锁巷、香瓜巷、铰肉巷,等等。

由于扬州是一个商业城市,人来客往十分频繁,服务性行业十分发达,茶社、酒馆、客栈、浴室十分普遍。

扬州手工业种类很多,有铜器、玉器、木器、竹器、铁器、漆器、纺织、榨油、雕版、制笔、造船,等等。其中尤以造船、漆器、雕版为发达。

在漕运和商业带动下,扬州的农副业商品生产也得到发展。为满足大量增加的城市人口及来往客商、漕船运丁水手生活的需要,四郊农村蔬菜种植业、河湖养鱼、养鸭、种藕莲菱业,以及栽花园艺业等,都在不断扩大。在这里,农村商品经济的发展,冲破了传统的耕织结合生产方式。扬州农村经济的这种发展变化,是同漕船转运水运交通的便利分不开的。

临清城市商业的兴衰更能说明漕运和商业发展的相互关系。

临清地处江北大运河的中段,扼会通河与卫河交界,为南来北往"舟航之所必由"。因地理关系,早在明代即已发展成为中国北方一个重要的商业中心。康熙二十三年(1684年),开始弛海禁,随着海运的发展,临清在运输上的地位虽渐不如前,但由于漕运关系,城市商业仍相当繁盛。

明初,临清系东昌府属县,后因漕运关系升为州,扩建城垣。临清兴盛时,由北而南,纵贯整个城市的都是工商业店肆。街道多以工商业命名,如锅市街、碗市街、马市街、牛市街、果子巷、白布巷、油篓巷、箍桶巷、皮巷等，此外还有专供粮食、棉花、茶叶、柴、猪、驴、鸡、鸭等商品交易的市场。店铺种类繁多，不下数十种。除专业商品外，还有兼手工业加工的作坊，如碾坊、磨坊、油坊，如毛皮加工及竹木店名目。据州志记载，乾隆时，长仅一里多的小市街就有商店100余家。据此，全城大小商店可能达千余家。这些店铺中以粮店最多，约有百余家。布店、绸缎店、杂货店、纸张店、茶叶店各数十家。临清商业的再一特点是典当铺及客店也相当多，典当铺有百余家，客店有数百家。

临清商人多系客商，如安徽商人、江浙商人、南京商人、山西商人等。客商构成临清商人的主体，而以徽商最多。据明末记载："临清十九皆徽商占籍"，其次是苏商。资金雄厚，或谓"苏州"、"南翔"、"信义"合股的布行，"岁进布百万有奇"。

商业发展改变着临清人民的经济生活。或谓"本境之民逐末者多，力本者少"；或谓"逐末者十室而九"。

临清商业的发展，濒临运河是一个主要原因。民国《临清县志》称："临清商业称盛一时者，藉助此河之力颇大。"清代前期，临清地区"岁漕江南北米粮数百万石，悉由此河输至京师……不仅南北货物可以附载而至，达官富商亦皆取道于此"。该志还说，每到漕运时期，帆樯如林，百货山积，经数百年之取精用宏，商业勃兴而不可遏。当其盛时，北至塔湾、南至头闸，绵亘数十里，市肆栉比，人来车往十分热闹。咸丰以后,南方漕粮部分改折,部分改行海运,漕船往来稀少,临清"商业大受影响";国家对会通河的修浚也不如以前重视,河道逐渐干涸,河床"为沿岸居民纳租垦种,向之南北孔道恶变为膏腴良田"。临清的繁华也就一去不复返了。

临清商业主要是外地商品输入和向外地转销性质的贸易。在诸种商品中,较大宗的首推棉布,以江苏常熟县所产布匹而论,早在明代中叶,通过临清输往齐鲁之境者经常保持在十分之六。运销京师和西北的绸缎也要经过临清。

正是这个缘故,临清城市布店和绸缎店皆多至数十家,销售量之大,以布匹来说,年达百万匹以上。临清在明代中期就有"冠带衣履天下"之称。进入清代后,情况虽然有所变化,但仍有不少布匹绸缎经由河运。江浙北运绸缎仍然是临清关税中的大宗。

临清也是当时粮食的重要集散地。每年由南路济宁、汶上、台儿庄一带贩运而来的粮食不下数百万石,由西路主要是河南运来的也不下数百万石,由北路沈阳、辽阳、天津一带运来的约数万石,由临清附近州县运来的则"日卸数十石",粮食市场之多,商品粮数额之大,为沿运河地区之仅见。

以上数百万石乃至千万石商品粮,除一部分补给当地不足之外,其余大部分是经临清转销外地的。因此,临清关税中,粮食交易税占据相当比重。

临清除纺织品输入及粮食贩运外,由外地运入的商品还有铁器、瓷器、纸张、茶叶等。这些商品有的在当地销售,有的则贩运他境。

临清本州及附近县所产农产品及副产品经由运河外销的,主要是棉花、梨和枣。

从以上各种商品流向看,临清的繁荣是中转贸易的繁荣。它不仅作为地方性市场为本城居民及附近农民服务,更重要的是作为区域性市场为鲁西、豫西北及直隶中南部一个相当广大地区物资交流服务,并作为商品转运中枢,为南北两大经济区商品流通服务。

天津由旧日聚落市镇,一跃成为交通发达、物资交往繁盛的商业城市,是同漕运发展紧密联系在一起的。

元朝建都大都(今北京),于是直沽(今天津)成了河、海漕运的交通枢纽,其地位发生了实质性的变化。

明代以前,天津还是个镇,它的兴起主要是直沽作为京师门户的地位不断加强。漕舟无论通过河运或海运都要集中到南北运河与海河干流交汇的三岔河口以下,大批漕船不仅运粮,还把经济发达地区的商品源源不断地运来,从而极大地促进了直沽港口城市的形成和发展。但在元代时,它仅具有城市的雏形。到明代以后,天津中心城市才脱颖而出。

以明代而论,南方货物经运河贩运北方,皆需经过天津。如《明史》所记:"粮艘、商船鱼贯而进,殆无虚日。"这时天津成为南北商货集散中心。各种商品,除运船附载的"土特产"外,其他商船所载商货,诸如闽广的糖、蓝靛、茶叶、海货、珍贵木料、干鲜果品,江浙的丝绸、布匹,景德镇的瓷器,江南的竹木及竹制器皿,直隶各地的棉花、梨、枣、豆、麦等,都大量涌进天津。这些货物有的即在天津销售,有的则经此地转运他乡。如福建的南纸商,每年载货由闽航海,先抵天津,然后再贩运京师。辽东地区豆饼运至天津后,再运往各地销售。长芦盐亦由此行销四方。天津沿河一带还有许多"贩粟者"往来于直隶河间府各县。如天津城北门外是南北运河交汇之处,"有杂粮店,商贾贩粮百万,资通京师"。这时天津已呈现出"百货倍往时"的景象。伴随商业的发展则是市集的增加。明成化以前,天津原有的只是宝家集、仁厚集、货泉集、富有集。弘治六年(1493年),在天津城区附近增设通济集、丰乐集、水丰集、宫前集和安西市。这时天津的巨大变化,有如薛柱斗所记:"名曰为卫,实则即一大都会所莫能过也。"

明代后期,由于战争关系,天津商业一度衰落。但清朝建立不久,又沿袭明制恢复漕运,另伴随工农业生产的发展,天津商业又趋繁盛,而且超越明代。《津门杂记》作者称:"河路码头买卖广,繁华热闹胜两江。"

康熙"海禁"开放后,天津海运业发展很快,南来北往的商船直抵天津,如闽粤商船往来天津贩货,已是"岁以为常",每至六七月间,商队直抵天津郡城停泊者,"连樯排比,舵手人等约在一万上下"。如江浙商人乘海船赴天津、奉天(今沈阳)进行贸易者,起初每年只有两次,后来增加到"一年行运四回"。向来不远航的天津商船和宁河海船,此时不仅频繁往来于奉天、山东及直隶其他各地,而且远航至江浙,从事贩运。这两种海船最盛时达"七百只上下"。清代万商辐辏的盛况,为"亘古未有"。由于商业的繁荣和发展,改变了天津城市建制,这时的天津已由过去的军事城堡发展为繁盛的商业经济城市。

当时,在天津市场上交易的各种商品,由南往北运者,如福建的糖、鱼翅、橘饼、胡椒、藤鞭杆、粗碗等,广东的糖、洋碗、苏木、烟草、茶叶、翎羽、名贵木材、各种香料、独门药品、药酒、铁锅、毛边纸、象牙雕刻、白铜烟筒器具、锡制热碗与酒壶等,江西的瓷器,江浙的茶、布、姜、果、粮米、毛竹、长屏纸、明矾、杉木、绍酒、锡箔等。经由天津南运的,有北方的药材、核桃、红枣、黑枣、瓜子、杏仁、豆麦等。这时每年从关东、天津等处运往上海的豆麦等约千余万石。天津附近各地,利用内河航运的方便,也将各种商品源源运来。如直隶永年和邯郸的煤炭、石灰,磁州的器皿、矾皂,涉县的花椒、核桃等都沿滏阳河运至天津,返航时则将天津食盐、百货运往各地。据称,仅是到天津运盐的商船"其数不下一千只"。

随着货物增多和交易频繁,天津旧日的商业区更加兴盛,并发展起来一些新兴的商业中心区。如东门外沿河一带,早在明代已成为天津早期的商业繁华区,至清代则"米船盐艘往来聚焉,故河东多粮店,盐坨也鳞次其间"。原来比较冷清的北门外沿河一带,到清中叶已发展成商业繁华区,每年惊蛰后,闽粤商船麇至，运来的铁锅、缝衣针、铜纽扣等多在此地列肆出售，出现了卖针、卖锅的专业市场，如"针市街"、"锅市街"、"洋货街"等。鸟市、肉市、菜市、果市、骡马市等，其繁盛情形，如当时人所说："商旅辐辏，屋瓦鳞次"，成"津门外第一繁华区"。

由于商业繁盛，天津在乾隆年间还相继成立了"洋行"、"局栈"一类办事机构。至嘉庆四年（1799年），洋行、局栈发展到九家之多。

为了适应商业的发展，天津的银钱业也应运而生。乾隆年间，山西商人雷履泰在天津开设的日升昌颜料庄，首先倡用汇票；嘉庆二年并创立天津日升昌票号。嘉庆十九年，山西商人毛凤刿在天津创办蔚泰票号。据记载：仅道光前期十余年间，天津相继成立的票号"多至十七家"。办理汇兑业务，除票号外，天津还设有钱铺、典质店等。

清政府解除海禁之后，天津出现了出海贩运的大商船，以及许多承揽内河漕粮商货转运的船主。这些大船商发家之后，除继续经营海上航运业外，还将积累的资本投向其他行业。如天成号韩家把经营海运所获利润开设了粮行、银号、当铺等，而后又以商业经营所获利润转向扩大海船运输业，形成航运业资本的增值。

由于商业的兴盛和市场的扩展，天津的商家店号迅速增长。就天津城内而言，道光年间从商住户达5245户，占城内总户数的53%。并且出现一批腰缠万贯、家资雄厚的富商大贾，如韩家拥有"船大数丈，九桅五帆"的大海船数十艘，其他巨商如正兴德穆家、杨柳青石家、土城刘家都跻身天津富绅"八大家"之列。

清中期以后，商人会馆纷纷出现，如乾隆四年（1739年）在天津北门外建立的闽粤会馆；乾隆二十六年，在天津河东杂粮店街建立山西会馆；道光年间，在杨柳青镇建立第三座山西会馆；在天津故衣街万寿宫内建立江西会馆等。清代会馆的日益增多，乃是商业发展的直接产物。

地处河海之滨的天津，由于商业的迅速发展，成为中国北方"聚天下之粟，致天下之货，以利京师"的"蓟北繁华第一城"。天津商业的发展和漕运的联系也相当密切，先是河运，后改海运，皆须通过天津。

沿运道还有很多因漕运关系而发展起来的大中小商业城市，这里就不再一一介绍了。

8 漕运与农业生产

漕运的发展对农业生产的发展有有利的一面，也有消极的一面。

有利的方面是：各个王朝，为了使漕运得以顺利实行，在建国初期都着实对农业经济发达地区的建设花一番工夫，如兴修水利，鼓励垦荒等，为农业生产的发展打下良好的基础；同时，为维持漕运而修治运道，对沟通南北商品流通，对沿运河城市的发展都有积极作用，从而也促进了某些地区工农业生产的发展。

这些，在前面有关章节已有述及，这里不再赘述。

消极的方面是：在修治运道时，造成人力财力巨大浪费，尤其是对某些地区农业生产造成破坏。这是必须加以指出的。

以山东省而论，运道所经多系高亢地带，水量稀少。封建政府为确保运河用水，在沿运道各河、湖、泉开渠筑堰建闸，用以引流蓄水。在很多地区，"居民藉水灌田，漕船赖以济运"，官方与民户经常发生争水的矛盾。在运道和农田都需水的条件下，政府保证运道为主，每把农田水利放在次要位置。顺治五年（1648年）规定："每年二三月间听民用水，四月以后即将闸尽启封贮，渠口堵塞"；康熙二十九年（1690年），令于每岁三月初，用竹络装石横塞入渠，使渠水大部注入卫河济运，只留"涓涓之水溉地"。后因"渠深田高"，所留涓涓细流无法灌溉，于是规定在每年三月初一到五月十五日两个半月之内，"三日放水济漕"，"一日下板塞口灌田"，谓之"官三民一"。山东高阜地带，春季每干旱缺水，所定"官三民一"，对急等灌溉的农田有名无实，徒流于形式，农民需水问题无法解决。

运河经由山东境时，与运道相邻的河南辉县西北五里有一泉叫"棚刀泉"，泉阔约二十余亩，"泉珠上涌，难以数计"，附近农民即借以灌溉。清政府为维持漕运，下令"四五月份漕船通过之时，封板放水济运"。农民为引水灌田，乃私自花钱买水，所谓"每有守口之夫伙同堰长奸民违禁卖水"，即指此。清王朝的这种政策措施，严重地影响了某些地区的农业生产。

在江北地区是另一种情况，当夏秋水势盛涨之时，则开闸放水，淹没民田，对农业生产起着更加严重的破坏作用。

江北水患起因于引黄入淮。黄河原系由山东北境入海，从明代开始，为了借用黄河流水运载漕粮，改由江北入海。黄河因失其自然之势，中下游遂经常溃决。黄河携带泥沙，水势汹涌，经常倒灌入运，淤塞运口。为保证漕船运行，官府除用大量人力物力清淤挖浅外，并大力加高河堤。水高陆低，一遇河水暴涨，河堤便岌岌可危。官府为保全运道，遇紧急情况，即下令启放闸坝，"以资宣泄"，致下游一带，"年年被水"。高邮、宝应、江都、甘泉等县"居民田亩庐舍常年尽被水淹"，"四野一望，十家九空"。桃源、宿迁等县，每因"阻黄临运"，上河所放之水"无由宣泄，洼地多成巨浸"，致使成千上万的居民无家可归。

从嘉庆开始，运河失修，水灾更加严重。嘉庆元年（1796年），"河决丰汛"，自此以后，"若丰工、睢工、衡工几于无岁不决"，黄河日淤，河身日高，影响运河堤岸。嘉庆九年，淮水南溃，淹没田禾，此后屡修屡决，高、宝九州县地，变成水乡。嘉庆十二年，智、信两坝，仁、义两坝引河，车逻、南关两坝全部开放，下游里下河地区遍地水灾。道光二十八年（1848年）六月，久雨大风，洪泽湖大涨，复启昭关坝，高邮、奉州、宝应、兴化、东台、盐城六州县境内变成巨浸，流民南渡者数十万。

官府只考虑运道畅通，而忽视农民的生命财产，理所当然地遭到农民的强烈反抗。如嘉庆年间江北农户反对官府放水淹田的斗争，道光十一年，高邮州人民反对开坝斗争，等等。这些事例说明农民反开坝斗争的激烈，也说明官府为维护运道所造成的危害。

清代中叶前约200年间，除大臣靳辅等少数人外，沿运道各省直官吏，关于治河方法基本采取保护运道的消极方针，对农田水利则采取忽视态度。

咸丰五年（1855年），黄河北徙后，因漕运而导致的水患才逐渐减少。

后 记

　　本书研究的对象为中国古代漕运史。内容包括：中国古代漕运出现的原因、发展过程、历代王朝漕运概况；封建政府对经济区的建设，以及经济区人民为发展经济，保证漕粮提供所作出的努力；历代王朝为保证运道的畅通，所进行的治水凿河的活动。同时，还向读者揭示：漕运的出现和发展对中国封建社会经济所带来的巨大影响，以及对巩固国防、稳定社会秩序所作出的贡献。当然，对漕运扰民情况也作了披露。本书以专题方式，力求把有关漕运的问题写深写透；在剪裁上，力求保证知识的系统性、完整性，并突出明清两代情况，做到详略有致。这样做的目的，是为了适应各方面读者的需求，即既满足一般读者需要，又能使有志于从事漕运探讨者获益，使大家都能从中获得各自需要的东西，从而使此书成为读者益友。

　　本书内容丰富，资料翔实、可靠，是作者多年研究的结晶。

　　此书在写作过程中，参考了大量有关专著和论文，特别是得到李文治先生无私的帮助。在此,谨向各位致以衷心感谢。

作者
1994.5.9

参考书目

1. 李文治、江太新：《清代漕运》，中华书局，1995。
2. 史念海：《中国的运河》，重庆史学书局，1994。
3. 全汉升：《中国经济史研究》（上册），香港新亚研究所，1976。
4. 武汉水利电力学院，水利水电科学研究院《中国水利史稿》编写组：《中国水利史稿》，水利电力出版社，1979。
5. 中国水利学会水利史研究会、港口航道专业委员会：《京杭运河研究论文集》，中国书店，1993。
6. 杨育镁：《元代漕粮海运畅行因素之探讨》，里仁书局，1986。
7. 傅筑夫：《中国封建社会经济史》（第二、三、四、五册），人民出版社，。
8. 漆侠：《宋代经济史》（上册），上海人民出版社，1987。
9. 宋应星：《天工开物·舟船第九·漕舫》，上海华通书局，1930。
10. 马端临：《文献通考》，商务印书馆，1936。

11. 吴琦：《漕运的历史演变与阶段特征》，《中国农史》1993 年第 4 期。
12. 邹逸麟：《从含嘉仓的发掘谈隋唐时期的漕运和粮仓》，《文物》1974 年第 2 期。
13. 杨希义：《略论唐代的漕运》，《中国史研究》1984 年第 2 期。
14. 陈峰：《北京东南漕运制度的演变及其影响》，《河北学刊》1991 年第 2 期。
15. 赖家度：《元代的河漕和海运》，《历史教学》1958 年 5 月号。
16. 唐文基：《明代的漕军和漕船》，《中国史研究》1989 年第 4 期。
17. 杨亚非：《试论明代漕运方式的变革》，《社会科学战线》1986 年第 2 期。
18. 吴琦：《清代湖广漕运与商品流通》，《华中师范大学学报》1989 年第 1 期。
19. 历代《食货志》。
20. 《二十五史》中有关人物传记。

《中国史话》总目录

系列名	序号	书名	作者	
物质文明系列（10种）	1	农业科技史话	李根蟠	
	2	水利史话	郭松义	
	3	蚕桑丝绸史话	刘克祥	
	4	棉麻纺织史话	刘克祥	
	5	火器史话	王育成	
	6	造纸史话	张大伟	曹江红
	7	印刷史话	罗仲辉	
	8	矿冶史话	唐际根	
	9	医学史话	朱建平	黄健
	10	计量史话	关增建	
物化历史系列（28种）	11	长江史话	卫家雄	华林甫
	12	黄河史话	辛德勇	
	13	运河史话	付崇兰	
	14	长城史话	叶小燕	
	15	城市史话	付崇兰	
	16	七大古都史话	李遇春	陈良伟
	17	民居建筑史话	白云翔	
	18	宫殿建筑史话	杨鸿勋	
	19	故宫史话	姜舜源	
	20	园林史话	杨鸿勋	
	21	圆明园史话	吴伯娅	
	22	石窟寺史话	常青	
	23	古塔史话	刘祚臣	
	24	寺观史话	陈可畏	
	25	陵寝史话	刘庆柱	李毓芳
	26	敦煌史话	杨宝玉	
	27	孔庙史话	曲英杰	
	28	甲骨文史话	张利军	
	29	金文史话	杜勇	周宝宏

系列名	序号	书名	作者	
物化历史系列（28种）	30	石器史话	李宗山	
	31	石刻史话	赵 超	
	32	古玉史话	卢兆荫	
	33	青铜器史话	曹淑芹	殷玮璋
	34	简牍史话	王子今	赵宠亮
	35	陶瓷史话	谢端琚	马文宽
	36	玻璃器史话	安家瑶	
	37	家具史话	李宗山	
	38	文房四宝史话	李雪梅	安久亮
制度、名物与史事沿革系列（20种）	39	中国早期国家史话	王 和	
	40	中华民族史话	陈琳国	陈 群
	41	官制史话	谢保成	
	42	宰相史话	刘晖春	
	43	监察史话	王 正	
	44	科举史话	李尚英	
	45	状元史话	宋元强	
	46	学校史话	樊克政	
	47	书院史话	樊克政	
	48	赋役制度史话	徐东升	
	49	军制史话	刘昭祥	王晓卫
	50	兵器史话	杨 毅	杨 泓
	51	名战史话	黄朴民	
	52	屯田史话	张印栋	
	53	商业史话	吴 慧	
	54	货币史话	刘精诚	李祖德
	55	宫廷政治史话	任士英	
	56	变法史话	王子今	
	57	和亲史话	宋 超	
	58	海疆开发史话	安 京	

系列名	序号	书名	作者
交通与交流系列（13种）	59	丝绸之路史话	孟凡人
	60	海上丝路史话	杜 瑜
	61	漕运史话	江太新　苏金玉
	62	驿道史话	王子今
	63	旅行史话	黄石林
	64	航海史话	王 杰　李宝民　王 莉
	65	交通工具史话	郑若葵
	66	中西交流史话	张国刚
	67	满汉文化交流史话	定宜庄
	68	汉藏文化交流史话	刘 忠
	69	蒙藏文化交流史话	丁守璞　杨恩洪
	70	中日文化交流史话	冯佐哲
	71	中国阿拉伯文化交流史话	宋 岘
思想学术系列（21种）	72	文明起源史话	杜金鹏　焦天龙
	73	汉字史话	郭小武
	74	天文学史话	冯 时
	75	地理学史话	杜 瑜
	76	儒家史话	孙开泰
	77	法家史话	孙开泰
	78	兵家史话	王晓卫
	79	玄学史话	张齐明
	80	道教史话	王 卡
	81	佛教史话	魏道儒
	82	中国基督教史话	王美秀
	83	民间信仰史话	侯 杰
	84	训诂学史话	周信炎
	85	帛书史话	陈松长
	86	四书五经史话	黄鸿春

系列名	序号	书名	作者	
思想学术系列（21种）	87	史学史话	谢保成	
	88	哲学史话	谷 方	
	89	方志史话	卫家雄	
	90	考古学史话	朱乃诚	
	91	物理学史话	王 冰	
	92	地图史话	朱玲玲	
文学艺术系列（8种）	93	书法史话	朱守道	
	94	绘画史话	李福顺	
	95	诗歌史话	陶文鹏	
	96	散文史话	郑永晓	
	97	音韵史话	张惠英	
	98	戏曲史话	王卫民	
	99	小说史话	周中明	吴家荣
	100	杂技史话	崔乐泉	
社会风俗系列（13种）	101	宗族史话	冯尔康	阎爱民
	102	家庭史话	张国刚	
	103	婚姻史话	张 涛	项永琴
	104	礼俗史话	王贵民	
	105	节俗史话	韩养民	郭兴文
	106	饮食史话	王仁湘	
	107	饮茶史话	王仁湘	杨焕新
	108	饮酒史话	袁立泽	
	109	服饰史话	赵连赏	
	110	体育史话	崔乐泉	
	111	养生史话	罗时铭	
	112	收藏史话	李雪梅	
	113	丧葬史话	张捷夫	

系列名	序号	书名	作者	
近代政治史系列（28种）	114	鸦片战争史话	朱谐汉	
	115	太平天国史话	张远鹏	
	116	洋务运动史话	丁贤俊	
	117	甲午战争史话	寇 伟	
	118	戊戌维新运动史话	刘悦斌	
	119	义和团史话	卞修跃	
	120	辛亥革命史话	张海鹏	邓红洲
	121	五四运动史话	常丕军	
	122	北洋政府史话	潘 荣	魏又行
	123	国民政府史话	郑则民	
	124	十年内战史话	贾 维	
	125	中华苏维埃史话	杨丽琼	刘 强
	126	西安事变史话	李义彬	
	127	抗日战争史话	荣维木	
	128	陕甘宁边区政府史话	刘东社	刘全娥
	129	解放战争史话	朱宗震	汪朝光
	130	革命根据地史话	马洪武	王明生
	131	中国人民解放军史话	荣维木	
	132	宪政史话	徐辉琪	付建成
	133	工人运动史话	唐玉良	高爱娣
	134	农民运动史话	方之光	龚 云
	135	青年运动史话	郭贵儒	
	136	妇女运动史话	刘 红	刘光永
	137	土地改革史话	董志凯	陈廷煊
	138	买办史话	潘君祥	顾柏荣
	139	四大家族史话	江绍贞	
	140	汪伪政权史话	闻少华	
	141	伪满洲国史话	齐福霖	

系列名	序号	书名	作者
近代经济生活系列（17种）	142	人口史话	姜涛
	143	禁烟史话	王宏斌
	144	海关史话	陈霞飞 蔡渭洲
	145	铁路史话	龚云
	146	矿业史话	纪辛
	147	航运史话	张后铨
	148	邮政史话	修晓波
	149	金融史话	陈争平
	150	通货膨胀史话	郑起东
	151	外债史话	陈争平
	152	商会史话	虞和平
	153	农业改进史话	章楷
	154	民族工业发展史话	徐建生
	155	灾荒史话	刘仰东 夏明方
	156	流民史话	池子华
	157	秘密社会史话	刘才赋
	158	旗人史话	刘小萌
近代中外关系系列（13种）	159	西洋器物传入中国史话	隋元芬
	160	中外不平等条约史话	李育民
	161	开埠史话	杜语
	162	教案史话	夏春涛
	163	中英关系史话	孙庆
	164	中法关系史话	葛夫平
	165	中德关系史话	杜继东
	166	中日关系史话	王建朗
	167	中美关系史话	陶文钊
	168	中俄关系史话	薛衔天
	169	中苏关系史话	黄纪莲
	170	华侨史话	陈民 任贵祥
	171	华工史话	董丛林

系列名	序号	书名	作者
近代精神文化系列（18种）	172	政治思想史话	朱志敏
	173	伦理道德史话	马勇
	174	启蒙思潮史话	彭平一
	175	三民主义史话	贺渊
	176	社会主义思潮史话	张武 张艳国 喻承久
	177	无政府主义思潮史话	汤庭芬
	178	教育史话	朱从兵
	179	大学史话	金以林
	180	留学史话	刘志强 张学继
	181	法制史话	李力
	182	报刊史话	李仲明
	183	出版史话	刘俐娜
	184	科学技术史话	姜超
	185	翻译史话	王晓丹
	186	美术史话	龚产兴
	187	音乐史话	梁茂春
	188	电影史话	孙立峰
	189	话剧史话	梁淑安
近代区域文化系列（11种）	190	北京史话	果鸿孝
	191	上海史话	马学强 宋钻友
	192	天津史话	罗澍伟
	193	广州史话	张苹 张磊
	194	武汉史话	皮明庥 郑自来
	195	重庆史话	隗瀛涛 沈松平
	196	新疆史话	王建民
	197	西藏史话	徐志民
	198	香港史话	刘蜀永
	199	澳门史话	邓开颂 陆晓敏 杨仁飞
	200	台湾史话	程朝云

《中国史话》主要编辑出版发行人

总 策 划	谢寿光	王　正	
执行策划	杨　群	徐思彦	宋月华
	梁艳玲	刘晖春	张国春
统　　筹	黄　丹	宋淑洁	
设计总监	孙元明		
市场推广	蔡继辉	刘德顺	李丽丽
责任印制	岳　阳		